SALMO 91

PARA

JÓVENES

EL ESCUDO PROTECTOR DE DIOS PARA SU FUTURO

SALMO 91

PARA

JÓVENES

PEGGY JOYCE RUTH
ANGELIA RUTH SCHUM

CASA
CREACIÓN

La mayoría de los productos de Casa Creación están disponibles a un precio con descuento en cantidades de mayoreo para promociones de ventas, ofertas especiales, levantar fondos y atender necesidades educativas. Para más información, escriba a Casa Creación, 600 Rinehart Road, Lake Mary, Florida, 32746; o llame al teléfono (407) 333-7117 en Estados Unidos.

Salmo 91 para jóvenes por Peggy Joyce Ruth
y Angelia Ruth Schum
Publicado por Casa Creación
Una compañía de Charisma Media
600 Rinehart Road
Lake Mary, Florida 32746
www.casacreacion.com

Un especial agradecimiento a los editores: John Williams, Stephanie Lykins, Roberta Wescott, Barbara Dycus, Brandi Bunch, Ann Johnson, Donna Johnson y Margie Ayala.

Traducido por: pica6.com (con la colaboración de Danaé G. Sánchez Rivera y Salvador Eguiarte D.G.)
Diseño de portada: Justin Evans
Director de diseño: Justin Evans

Visite la página web de la autora: www.peggyjoyceruth.org

Library of Congress Control Number: 2015941064
ISBN: 978-1-62998-785-9
E-book ISBN: 978-1-62998-796-5

Nota de la editorial: Aunque las autoras hicieron todo lo posible por proveer teléfonos y páginas de internet correctas al momento de la publicación de este libro, ni la editorial ni las autoras se responsabilizan por errores o cambios que puedan surgir luego de haberse publicado.

Algunos nombres y detalles personales han sido cambiados para proteger la privacidad de la persona.

Impreso en los Estados Unidos de América
15 16 17 18 19 * 7 6 5 4 3 2 1

CONTENIDO

SALMO 91

El que habita al abrigo del Altísimo
Morará bajo la sombra del Omnipotente.

Diré yo a Jehová: Esperanza mía, y castillo mío;
Mi Dios, en quien confiaré.

Él te librará del lazo del cazador,
De la peste destructora.

Con sus plumas te cubrirá,
Y debajo de sus alas estarás seguro;
Escudo y adarga es su verdad.

No temerás el terror nocturno,
Ni saeta que vuele de día,
Ni pestilencia que ande en oscuridad,
Ni mortandad que en medio del día destruya.

Caerán a tu lado mil,
Y diez mil a tu diestra;
Mas a ti no llegará.

Ciertamente con tus ojos mirarás
Y verás la recompensa de los impíos.

Porque has puesto a Jehová, que es mi esperanza,
Al Altísimo por tu habitación,
No te sobrevendrá mal,
Ni plaga tocará tu morada.

Pues a sus ángeles mandará acerca de ti,
Que te guarden en todos tus caminos.

En las manos te llevarán,
Para que tu pie no tropiece en piedra.

Sobre el león y el áspid pisarás;
Hollarás al cachorro del león y al dragón.

Por cuanto en mí ha puesto su amor, yo también lo libraré;
Le pondré en alto, por cuanto ha conocido mi nombre.

Me invocará, y yo le responderé;
Con él estaré yo en la angustia;
Lo libraré y le glorificaré.

Lo saciaré de larga vida,
Y le mostraré mi salvación.

CAMBIO DE JUEGO

EN EL LIBRO *Psalm 91: Military Edition* [Salmo 91: Edición militar] se encuentra una célebre historia acerca de un soldado en cuya vida entró el Salmo 91 inesperadamente.[1] Esa es una de mis historias preferidas. Este teniente literalmente se salvó de recibir un disparo en el corazón, debido a una Biblia que se encontraba en el bolsillo delantero de su camisa. Él se quedó atónito cuando abrió la Biblia y encontró que la bala se había detenido en el Salmo 91.

La siguiente historia es otra de mis preferidas. Es la historia de un adolescente acerca de alguien que recibió el libro *Salmo 91* sin esperarlo.

Nos encontrábamos en Baton Rouge, Luisiana. Los semáforos de este lugar tienen algunas de las luces de alto más largas que haya visto. La gente apaga el coche mientras espera. Esto nos dio (a dos camionetas llenas de estudiantes de vacaciones de verano) mucho tiempo libre para hacer...nada. Así que me encontraba mirando por la ventana en uno de los interminables semáforos y vi a una mujer en su coche, leyendo un libro. Cuando me enfoqué en el libro, me di cuenta de que era un libro de autoayuda del tipo de la Nueva

Era. Con frecuencia se me ocurren ideas que pueden meterme en líos si algo sale mal, y esta vez no fue la excepción al tener una idea como esa.

Abrí la ventanilla y miré a esta mujer que estaba leyendo el libro que yo consideraba indigno de que sus ojos lo leyeran, y le apunté. ¿Con qué? Con el libro *Salmo 91*. Alabado sea Dios su ventana estaba lo suficientemente abierta para que pasara el libro. Cuando el libro entró surcando por el aire a su coche, le tumbó el libro de autoayuda de las manos el cual luego desapareció en el suelo de su coche. Y a juzgar por el suelo, ella jamás volvería a encontrar el libro. Cuando el libro de la Nueva Era salió volando, el libro de *Salmo 91* cayó directo en su regazo. ¡Literalmente reemplazó lo que ella estaba leyendo!

Una mirada de rabia e ira se apoderó del rostro de la mujer, mientras bajaba la cabeza para ver lo que la había golpeado. Y yo dije: "Ay, no". Dichosamente, su ira no duró mucho rato. La mirada de su rostro inmediatamente se tornó en emoción y gozo, mientras comenzó a gritar: "¡He estado buscando este libro! ¡No puedo creerlo! ¡Yo deseaba este libro!". Su respuesta fue lo suficientemente ruidosa como para que la gente de los demás coches volteara a verla. Justo entonces se encendió la luz verde y arrancamos.

Yo recuerdo vagamente haber visto lágrimas salir de sus ojos a medida que abría el libro y comenzaba a leer, mientras los coches pasaban a su lado. Todos los que se encontraban en nuestra camioneta se habían volteado para ver el desarrollo de esta escena. Ellos vieron con sus propios ojos cómo esta mujer tuvo un encuentro

con Dios justo en medio de la calle, y nadie podía dejar
de hablar al respecto. El conductor del coche que nos
seguía también vio el incidente y pasó al lado de la
mujer, entretanto ella permanecía sentada en su coche
sin poder separar sus ojos del libro que había volado a
sus manos milagrosamente.

—KYLE OXFORD

Dios tiene maneras únicas de hacerle llegar a la gente el
mensaje del Salmo 91. Qué manera tan sencilla, y al mismo
tiempo cómica, que tuvo Dios de honrar a esta mujer que
deseaba este mismo libro. No estoy segura de cómo encontró usted la edición para adolescentes, pero el mensaje del
Salmo 91 me llegó en una manera igualmente única. Esta es
mi historia.

CÓMO LLEGUÉ A DESCUBRIR EL SALMO 91

A los veintitantos comencé a orar y a preguntarle a Dios si
había alguna manera en que un cristiano fuera protegido de
todas las cosas malas que estaban sucediendo en el mundo.
Yo temía todo, desde ataques cardiacos pasando por cáncer,
choques automovilísticos hasta terrorismo. Cuando pensaba
en todo ello, comenzaba a sentirme cada vez más ansiosa. Le
preguntaba: "Señor, ¿hay alguna manera de ser protegidos?
¿Nuestra familia puede ser protegida?". Yo no estaba esperando una respuesta.

A tan solo minutos de hacer la pregunta, me quedé dormida, y tuve un sueño bastante vívido que nunca olvidaré. En
el sueño, yo me encontraba en un campo abierto, haciendo la
misma pregunta que había hecho antes: "¿Hay alguna manera

de ser protegida de todas las cosas malas que están viniendo a la Tierra?". En el sueño escuché las palabras: "En la angustia invócame, y yo te responderé". Las palabras eran del Salmo 91, el cual nunca antes había escuchado.

Al día siguiente escuché las palabras "Salmo 91" en mi espíritu, y de pronto supe en mi corazón que lo que hubiera en ese salmo era mi respuesta de parte de Dios. Comencé a hojear mi Biblia tan rápidamente que casi rasgué las hojas en mi prisa por encontrar el salmo. Era la respuesta por la que había estado orando. Había encontrado las palabras exactas que había soñado. Me encontraba tan feliz que lloré.

¿Recuerda la última vez que obtuvo algo que deseaba tan desesperadamente que no podía dejar de pensar en ello? ¿Recuerda sentirse tan feliz —tanto que no podía dejar de sonreír—? Así me sentí yo la primera vez que busqué el Salmo 91 y lo leí en voz alta. Me sentí tan entusiasmada de que Dios respondiera mi oración y me hubiera mostrado una manera de conquistar mis temores. De manera que comencé a estudiar el Salmo 91 todos los días, y entre más ponía mi fe en su mensaje, más lo veía funcionar.

Entonces Dios me dijo que no solo era una promesa para mí, sino para todo su pueblo. Él me instó a escribir un libro para decirles a todos sobre sus promesas de protección y ayudarlos a liberarse del temor.

La promesa de Dios de protección es para todas las edades. ¡De todas las lecciones que hemos impartido en nuestros años de ministerio juvenil, el mensaje del Salmo 91 ha sido una de las lecciones preferidas! Es una de las cosas más importantes que aprenderá, así que tómese el tiempo de buscar el

Salmo 91 en su Biblia. Examinémoslo juntos, descubriendo revelaciones valiosas, a medida que estudiamos este salmo acerca de la protección de Dios.

Al comienzo de cada capítulo hemos incluido un testimonio que ilustra un versículo del Salmo 91. Cada una de estas historias lo desafiará a poner en práctica el versículo en su propio caminar con el Señor.

Alguien ha dicho: "Pon la palabra dentro de ti cuando no la necesites, de manera que cuando la necesites estará ahí". Como verá en la historia de Avery en el siguiente capítulo, ahora es tiempo de introducir el Salmo 91 en lo profundo de su ser para aquellos tiempos de su vida en que más necesite estas promesas.

Piense en cuán absurdo sería que un hombre fuera corriendo a su equipo de pesas y comience a entrenar una vez que un ladrón haya entrado en su casa. No es lógico darle a un ladrón rienda suelta en su casa, y no es cosa de risa cuando nos damos cuenta de que hemos esperado demasiado para protegernos.

Ahora es el momento de comenzar a poner en práctica las promesas del Salmo 91. Comience a edad temprana a prepararse con una perspectiva *preventiva* con el poder de las promesas que Dios tiene para su vida.

—Peggy Joyce Ruth

¿DÓNDE ESTÁ SU ESCONDEDERO SECRETO?

El que habita al abrigo del Altísimo morará bajo la sombra del Omnipotente.

—SALMO 91:1

AEROTRANSPORTADO

Era el fin de semana del cuatro de julio hace unos años en Montana. Todo parecía normal aquella noche…bueno, normal para ser el cuatro de julio. Toda mi familia estaba sentada sobre una frazada en el parque, mirando el programa de fuegos artificiales; estábamos mi mamá, mi papá, mi hermano y mi hermana, nuestros dos perros y yo. Cuando terminó la pirotecnia, mi papá nos metió a todos en una pequeña carretilla roja que habíamos llevado, mientras simultáneamente sostenía a los perros por la correa, y comenzamos a caminar de regreso a nuestro coche. Habíamos llegado a la carretera y estábamos preparándonos para atravesar…pero yo estaba un poco impaciente por llegar a casa. De manera que cuando mi papá nos hizo señas para atravesar, yo corrí como olimpista, salvo que no tan rápida…ni elegantemente.

De repente, de la nada me golpeó un coche rojo que después se reportó que iba a cuarenta y cinco millas por hora [setenta y dos kilómetros por hora]. Los testigos dijeron que yo salí volando por el aire, pero nunca lo supe, sentí como si hubiera estado todo el tiempo en el capó. La razón por la que no lo sé es que tenía los ojos cerrados, y no podría haberlos abierto aunque lo hubiera intentado. ¡Lo siguiente que supe fue que estaba en el suelo! En ese momento todo lo que podía pensar era: "Mi familia se va a conmocionar y a asustar que me haya golpeado un coche. Necesito tranquilizarlos". De manera que me levanté en un abrir y cerrar de ojos y dije: "¡Estoy bien! ¡Estoy bien!", con una sonrisa en el rostro.

Lo que al principio no era una gran multitud pareció haber triplicado su tamaño. Sin embargo, mis esfuerzos por mantener a todos calmados parecieron ser en vano, ya que podía escuchar murmullos a mi alrededor. Mi mamá se acercó a mí de prisa llena de pánico y podía escuchar a mi papá discutiendo con el conductor del coche que acababa de golpearme. Cuando miré hacia el coche, vi que la ventana se quebró severamente y que la parte frontal estaba muy abollada.

Para entonces mi mamá estaba muy intranquila y orando el Salmo 91 a todo volumen. Ella hizo que toda la familia orara, y mi hermana dijo sin pensar: "Si Dios es tan poderoso, ¿por qué sucedió esto?". Eso realmente me molestó. Yo la regañé y le dije: "Dios es tan poderoso que cuando suceden cosas como esta, ¡Él nos protege sobrenaturalmente!".

De inmediato, para mi sorpresa, la ambulancia llegó, pero no pude evitar sentir que no era necesaria, porque me sentía bien. Todo lo que deseaba hacer era regresar a casa, pero ellos me hacían preguntas para ver si estaba lesionado. Yo respondí correctamente cada pregunta para que dijeran que estaba bien. ¡Pero mi mamá me llevó a la sala de emergencias de todas formas, y estuve sentado ahí durante horas! Cuando finalmente me examinaron, todo lo que pudieron encontrar mal fue un raspón en mi dedo medio y un ligero dolor de cabeza, el cual apenas duró una hora. Mi mamá insistió en que me tomaran rayos X y que me hicieran análisis, y no fue hasta después de que el médico entró y que nos dijo que nada estaba roto que *finalmente* nos marchamos a casa. Recuerdo haberle dicho a mi mamá: "Siempre supe que Dios tenía un plan para mi vida, pero Él de veras debe tener algo grande planeado para mí, ¿no?". Y ella estuvo completamente de acuerdo. Todos los días le agradezco a Dios que me protegiera.

—Avery, de 15 años

Esta familia declara activamente las promesas del Salmo 91 diariamente. Este pasaje es el lugar donde moran como familia. Usted puede verlo en la historia de Avery. Él tenía el Salmo 91 en lo profundo de su ser, porque había comenzado a memorizar todo el capítulo a los cuatro años y lo había memorizado por completo a los siete. Se había vuelto una parte tan importante de él, que cuando sucedió el accidente, dijo que nunca sintió temor y supo que fue protegido aunque el coche lo golpeó.

La mamá de Avery estaba gritando: "¡Nosotros tenemos la protección del Salmo 91!", mientras miraba a su hijo volar por el aire como un muñeco de trapo y caer de cabeza en el parabrisas. Ella oraba este salmo diariamente por su familia, e incluso frente al peligro ella decidió buscar y encontrar ese lugar secreto del Altísimo.

La defensa delantera se abolló donde Avery fue golpeado, el

parabrisas se quebró como telaraña de un lado a otro a partir de donde cayó la cabeza de Avery, y el capó se hundió en el lugar donde Avery cayó antes de rodar al piso, y aun así Dios tuvo a Avery bajo la sombra de su protección. No fue nada menos que un milagro cuando se piensa en el daño que Avery le causó al coche, ¡no obstante, el coche no le hizo ningún daño al chico de noventa libras [cuarenta kilogramos]!

ESCONDERSE EN DIOS

La versión Reina Valera del Salmo 91:1 nos da una comprensión única del *abrigo* del Altísimo, al hacernos saber que es un lugar *secreto* para esconderse. Tener un lugar secreto especial entre Dios y nosotros nos produce una sensación abrigadora. Dios nos está llamando a un lugar secreto con Él. Piense en dónde desea usted estar cuando necesita seguridad. Recuerdo cuando era pequeña y me despertaba en medio de la noche, sintiendo temor; me iba de puntitas a la habitación de mi mamá y mi papá, y muy discretamente me metía en su cama. Me recostaba ahí en silencio, escuchándolos respirar, sintiéndome abrigada y protegida. Cuando me daba cuenta, el temor se había ido, y yo me quedaba profundamente dormida.

> Mis padres a menudo nos llevaban al lago, a mi hermano, a mi hermana y a mí. Ahí había un grandioso lugar para pescar percas del que muy pocas personas conocen, y a nosotros nos encantaba pescar.
>
> Una de aquellas salidas comprobó ser más divertida que la mayoría, resultando ser una experiencia que nunca olvidaré. Había sido un hermoso día al comenzar, pero cuando terminamos de pescar y nos

dirigíamos hacia la cala con el palangre, el cielo había comenzado a oscurecerse. Una tormenta cayó tan rápidamente sobre el lago que no hubo tiempo de regresar al muelle. Las nubes eran negras y agitadas, había truenos, y las gotas de lluvia estaban cayendo tan fuertemente que hacían que nos ardiera la piel. Momentos más tarde, granizo del tamaño de canicas se le unió a la lluvia, cayendo abundante y rápidamente.

Cuando vi el temor en los ojos de mi madre, supe que estábamos en peligro. Pero antes de que hubiera tiempo para pensar en lo que haríamos, papá había llevado el bote hacia la escabrosa ribera de la única isla del lago. Lucía como una isla abandonada sin un solo lugar donde esconderse de la tormenta.

En cuestión de minutos, papá nos llevó a todos a la ribera y nos sacó del bote. Mientras jalaba rápidamente un toldo de lona del fondo del barco, se arrodilló en el suelo junto a nosotros y haló el toldo hacia arriba, sobre los cinco. La tormenta rugía afuera de la tienda improvisada que colocó sobre nosotros —la lluvia golpeaba, los rayos tronaban, la tormenta rugía, y las olas chocaban en la ribera—, pero todo lo que yo podía pensar era en cómo me sentía de tener los brazos de papá a mi alrededor. Mientras la tormenta rugía a nuestro alrededor, yo experimenté una paz especial difícil de explicar. De hecho, nunca me sentí tan a salvo y segura en toda mi vida. ¡Recuerdo haber pensado que deseaba que la tormenta no terminara! No quería que nada arruinara la grandiosa seguridad que sentí ahí *en nuestro escondedero*. Me sentí tan a salvo en medio de la tormenta que me pude haber quedado ahí para siempre.

—Peggy Joyce Ruth

DIOS ES UN LUGAR *SEGURO*

Mirar hacia el futuro y pensar acerca de salir al mundo puede ser aterrador. Ahora es el mejor momento para encontrar su propio lugar seguro con Dios. Quizá ya tenga un lugar secreto donde se sienta a salvo y seguro, y pueda hablar con Él acerca de lo que hay en su corazón. Puede ser un parque o un camino que tome con su coche, o simplemente una habitación, pero ese lugar siempre lo atrae con la familiaridad y el discreto consuelo de que todo se arreglará de alguna manera.

Los lugares físicos pueden solo ser lo que son: una protección natural; pueden mantenerlo a salvo de todo. A veces las relaciones resultan mal. En ocasiones las relaciones lo dejan con una sensación de vacío y desilusión. Pasar tiempo con el Señor cada día antes de que intente desarrollar cualquier otra relación nueva le ahorrará mucho dolor y angustia. Dios es el Único con el que nuestro corazón está verdaderamente a salvo. Confíe su corazón en las dulces manos de Él. Nuestro corazón nunca está en casa hasta que lo ponemos bajo su cuidado.

ACUDA A DIOS CON SU CORAZÓN

Dios es un *lugar* de abrigo que lo mantendrá protegido. Dios dice que Él es el lugar de verdadera seguridad de todo lo malo que nos venga a la mente en toda la Tierra, si acudimos a Él. Tal como un pastor pelea para proteger a sus ovejas, Él peleará para protegerlo a usted. Dios dice que Él lo levantará y lo pondrá sobre sus hombros gozoso (Lucas 15:5).

Acuda a Dios, no con sus pies, sino con su corazón. Usted está acudiendo a Dios cada vez que piensa en Él, cada vez que le dice que lo ama, cada vez que arregla sus problemas con su ayuda, cada vez que aparta el tiempo para hablar con Él. Si usted cree que Dios le está diciendo la verdad al decir que Él es un lugar de seguridad donde usted puede ser protegido, entonces está listo para comenzar este viaje.

Antes de que pase por el portal hacia el mundo que le rodea, asegúrese de haber encontrado su escondedero secreto con Él.

CAPÍTULO 1 — DIARIO

Este capítulo enfatiza la importancia de encontrar su escondedero con Dios. ¿Usted tiene un lugar especial con Dios donde haya experimentado su presencia y su protección?

_____

_____

_____

_____

_____

_____

_____

_____

_____

_____

_____

_____

DEBO APRENDER A CONFIAR Y HABLAR

Diré yo a Jehová: Esperanza mía, y castillo mío; mi Dios, en quien confiaré.

—Salmo 91:2

Dominado y fortalecido

Un domingo por la mañana me había levantado temprano para prepararme para asistir a la iglesia, cuando escuché que llamaban a la puerta. Mi complejo de departamentos era un lugar pacífico y amigable, y los visitantes no solicitados eran chicas exploradoras que vendían galletas, o personas que buscaban gatos extraviados. Yo ni siquiera consideré que algo terrible sucedía a las siete de la mañana, de manera que abrí la puerta. Solo se había movido unos centímetros, cuando un hombre grande entró de un empujón en mi departamento y me empujó hacia la puerta de mi habitación, dejando en claro que su intención era hacerme daño. Recuerdo haber pensado: *A mí no me suceden cosas como esta. Debo estar soñando.*

El hombre era mucho más grande y fuerte que yo, y supe que no podría pelear con él. Él me empujó hacia mi habitación y me acorraló. Reñimos durante aproximadamente diez minutos. Yo luché, pero no pude liberarme.

En ese momento yo no sabía *cómo* Dios me liberaría, pero comencé a decir en voz alta: "Jesús ayúdame. Jesús ayúdame". El agresor me dijo que me callara. Yo respondí:

"Yo no sé quién eres ni lo que has hecho, o ni siquiera si la policía anda tras de ti, pero necesitas a Jesús. Hoy asistiré a la iglesia y tú puedes venir". Mis emociones estaban descontroladas, pero mi espíritu fuerte.

Él se espabiló un momento y miró alrededor, pero luego sus ojos se vidriaron y su rostro se tornó demoníaco, e intentó acorralarme de nuevo. Yo continué clamando a Jesús, y el hombre me dijo que me callara si deseaba vivir. Con pánico, logré liberarme y llegar a la sala de estar, pero él me atrapó de nuevo. Yo le dije que había ángeles en la habitación. Él me miró a los ojos y dijo abruptamente: "En esta habitación también hay demonios". Mientras clamaba a Dios, respondí: "Bueno, mis ángeles son más fuertes que tus demonios".

Y luego, en un momento, él se quedó paralizado.

Yo aproveché ese momento de victoria espiritual y logré salir del departamento para llamar a la policía. Había tomado cuarenta y cinco minutos de batalla espiritual mientras él se me acercaba una y otra vez, pero yo nunca dejé de clamar a Jesús y citar sus promesas. Y eso cada vez traía confusión e inmovilidad sobre él, impidiendo así cada intento de ataque. La policía pudo rastrearlo por un zarcillo que perdió en la alfombra.

Más tarde, cuando fue aprehendido y detenido, descubrí que él había atacado a varias jóvenes, y que yo había sido la única capaz de escapar sin daño alguno. Le agradezco a Dios por su pacto de protección, pero nosotros tenemos que creerlo y ponerlo en práctica. De verdad salvó mi vida aquel día.

—JULEE SHERRICK

Julee Sherrick es una joven que experimentó una milagrosa intervención de Dios cuando clamó en voz alta por su ayuda durante un aterrador ataque personal justo en su propia casa. Sus padres conocían el Salmo 91 y oraban sus promesas diariamente para la protección de sus hijos, y Julee había aprendido el valor de aseverar en voz alta que Dios era su lugar de seguridad y protección. No muchas personas tendrían la valentía de hacerlo en medio de un ataque, pero una crisis es el momento en que es más poderoso hablar en voz alta el Salmo 91. Julee, quien fue grandemente fortalecida, escapó de un ataque al utilizar su boca, sin provocar al hombre ni amenazarlo, sino a través de declarar la Palabra de Dios en voz alta.

SU *BOCA* ES UN ARMA

Dios le ha dado el Salmo 91 como una manera de defenderse con sus promesas, pero esta arma no le hará ningún bien si no sabe cómo utilizarla. Usted probablemente sepa cómo usar un arma física. Si yo le diera un cuchillo, ¿intentaría utilizar su pie o el dedo gordo de su pie para hacerlo funcionar? ¡Desde luego que no! ¡Eso suena ridículo! Usted sabe cómo utilizar sus manos y sus dedos para manejar armas físicas. Pero pocas personas saben qué parte del cuerpo se utiliza en la guerra espiritual. ¿Usted lo sabe? Las armas espirituales se manejan con la boca y con la lengua.

Asombrosamente, por insignificante que pueda parecer frente a un enemigo potente, su arma más poderosa es su habilidad de hablar la Palabra bajo presión. En lo natural, Julee lucía como si estuviera desarmada, pero en realidad estaba armada con la Palabra de Dios, y eso la salvó de las malignas intenciones de este hombre.

HABLE, NO PIENSE

Mire otra vez de cerca el versículo 2 del Salmo 91: "Diré yo a Jehová...". No basta con pensarlo. Dios no solamente desea que usted *sepa* que Él es su refugio; Él desea que lo *diga*. Este salmo le da las palabras que usted necesita para expresar que lo ve como un lugar seguro. Al creer llega la seguridad, pero al hablar llega la autoridad. Dios desea escuchar que usted confía en Él; no basta con simplemente *pensar* para detener un ataque. Hay algo que sucede al decirlo que suelta el poder en el plano invisible. Nosotros le respondemos a Dios lo que Él nos dice en el primer versículo; hay poder al decirle su Palabra a Él. Joel 3:10 dice: "Diga el débil: fuerte soy". Circule la palabra *diga*. Una y otra vez encontramos grandes hombres de Dios como David, Josué, Sadrac, Mesac y Abednego, quienes declaran sus confesiones de fe en voz alta en situaciones peligrosas. Observe lo que comienza a suceder por dentro cuando dice: "Señor, tú eres mi refugio. Tú eres mi fortaleza. Tú eres mi Señor y mi Dios. En ti confío". Entre más lo decimos en voz alta, más confiamos en su protección.

CUIDE LO QUE DIGA

Tener dos empleos es caótico, por decir lo menos. ¡En este día en particular salí de la farmacia Doc's justo en el momento que tenía que estar en Chick-fil-A! Mientras conducía por la ciudad, me encontraba pensando en voz alta: "¡Voy a llegar tarde, y ellos van a tener que lidiar con ello, porque no salgo hasta las cinco y se supone que debo estar allá a las cinco!". Yo iba un poco más rápido de lo que debía, porque tenía prisa, intentando llegar al trabajo. Para empeorar las cosas, iba conduciendo e intentando cambiarme el uniforme a la vez. *Esa no es una buena idea. No debería intentarlo.*

De pronto, alguien, un par de coches adelante, decidió bajar demasiado la velocidad y dar la vuelta a la derecha en un estacionamiento. Cada uno de los coches detrás de esa persona tuvo que hacer algo drástico para detenerse a tiempo. El conductor en frente de mí frenó con fuerza. Luego yo frené con fuerza, presionando el pedal hasta la alfombra. Sentí que mi coche comenzó a derraparse. Estaba a punto de chocar. En desesperación maldije en voz alta tres veces seguidas. Sabía que no debí haberlo hecho, pero las palabras salieron de todas formas. Mi vida pasó frente a mí, pero de pronto, un recuerdo inundó mi mente, trayéndome a la memoria algo que le sucedió a un amigo…

Hace varios años uno de mis amigos se encontraba viajando en un coche con algunos compañeros, cuando un camión semirremolque viró hacia su carril. Justo antes de chocar de frente, gritaron, y en lugar de decir una palabra palabrota, los cuatro gritaron: "¡Jesús!", y cerraron los ojos instantáneamente. Para su sorpresa, el semirremolque se había ido por otro lado y ahora se encontraba en una zanja detrás de ellos. Nadie había resultado lesionado.

Pero yo no había gritado el nombre de Jesús; yo había dicho una maldición, y a medida que salía de mi boca, pensaba: "Voy a chochar. Voy a verme implicada en una colisión, y mi coche va a quedar destrozado". Luego fue como si el Señor me recordara: "Esa palabra no va a traer nada bueno, Rachel. Esa palabra no tiene ningún poder; incluso puede tener el efecto contrario".

Justo entonces decidí que diría: "¡Jesús!", tres veces seguidas. "¡Jesús! ¡Jesús! ¡Jesús!". Luego dije: "Lo siento y me arrepiento". Y cuando lo dije, mi coche se detuvo justo a tiempo. Me había estado derrapando en la calle y luego, de repente, me detuve. Me detuve inexplicablemente cuando no había probabilidad de evitar el choque. Yo estaba tan asustada que comencé a temblar. Pero me encontraba bien. No hubo choque ni lesiones, nada. Jesús me protegió aunque acababa de meter la pata.

—RACHEL TERRY

Muchas personas creen que las palabras son benignas y que no tienen ningún poder real en sí. No obstante, si se dice en voz alta a sí mismo: "Dios, confío en ti", usted sentirá una ola de confianza. Por el contrario, si se dice a sí mismo: "Nada me funciona jamás", entonces sentirá que su confianza decae. Hablar en voz alta su confianza es una de las mejores maneras en que puede reforzar su confianza.

Cuando le habla la Palabra de Dios a sus problemas, usted no está convenciendo a Dios; *se está convenciendo a sí mismo.* Usted está invitando a que la Palabra de Dios salte de la página y le suceda personalmente. La Palabra de Dios es cierta cien por cien del tiempo. En Proverbios 18:21 leemos: "La muerte y la vida están en poder de la lengua". Hable vida.

Hay poder al decirle a Dios su Palabra. Comience a hacer *declaraciones* en primera persona sobre su día con versículos bíblicos. Hay dos clases de declaraciones: las que utilizan versículos que nos dicen quiénes somos en Cristo, y las que utilizan versículos que declaran que no debemos temer. Entre algunos de estos versículos se encuentran:

Soy una creación formidable (Salmo 139:14).

Soy perdonado (Colosenses 1:14).

Soy participante de la naturaleza divina (2 Pedro 1:4).

Soy de gran estima y honorable para Dios (Isaías 43:4).

Soy más que vencedor por medio de Cristo (Romanos 8:37).

Soy profundamente amado por Dios (Juan 15:13; 16:27; Romanos 5:8; Efesios 3:17-19).

No temo porque tú estás conmigo. No desmayo porque tú eres mi Dios (Isaías 41:10).

No estoy afanado por nada, sino hago conocidas mis peticiones delante de Dios, en toda oración y ruego, con acción de gracias (Filipenses 4:6).

Yo echo todas mis ansiedades sobre ti, porque tú tienes cuidado de mí (1 Pedro 5:7).

No me has dado un espíritu de cobardía, sino de poder, de amor y de dominio propio (2 Timoteo 1:7).

Aunque ande en valle de sombra de muerte, no temeré mal alguno, porque tú estás conmigo; tu vara y tu cayado me infundirán aliento (Salmo 23:4)

En mi angustia oré a ti, y tú me respondiste y me liberaste. Tú estás conmigo; no temeré lo que me pueda hacer el hombre (Salmo 118:5-6).

Es muy importante declarar su confianza en voz alta. Cuando estoy enfrentando un desafío, he aprendido a decir: "¡En esta situación [mencione la situación], decido confiar en ti, Señor!". La diferencia que hace proclamar mi confianza en voz alta es completamente asombrosa.

CAPÍTULO 2 — DIARIO

Este capítulo enfatizó el poder de declarar en voz alta su confianza en Dios y en su protección. ¿Cómo puede comenzar a declarar su confianza en Dios en voz alta?

_____

_____

_____

_____

_____

_____

_____

_____

_____

_____

_____

NO MÁS TRAMPAS DE SATANÁS

Él te librará del lazo del cazador, de la peste destructora.

—Salmo 91:3

¿**A**LGUNA VEZ HA visto en televisión a un trampero esconder una gran trampa de metal bajo las hojas para intentar atrapar a un animal? Tan pronto como el animal pisa la trampa, esta se cierra y el animal es atrapado. ¿Sabía usted que el enemigo también nos pone trampas a cada uno de nosotros? No son trampas de metal como las que utilizan los tramperos de animales. Satanás utiliza trampas *espirituales*. Las trampas espirituales se presentan en diferentes formas y tamaños, como lo descubrió Samantha.

MAMÁ NO SE ENTERARÁ

Mi teléfono se había muerto mientras le enviaba mensajes a una amiga. Para que no pensara que había comenzado a ignorar sus mensajes, rápidamente conecté mi teléfono al cargador junto a mi cama. Cuando el teléfono se encendió, observé que en la esquina superior decía que el 4G estaba encendido. *Mmm, eso es extraño*, pensé, recordando que los privilegios de internet de mi teléfono habían sido retirados. Mi papá me había castigado por utilizar todo el suministro de datos familiar mensual para mí. Además, no había sido sincera con mis padres cuando me atraparon la primera vez.

Cuando me di cuenta de que los privilegios de suministro de datos estaban encendidos, inmediatamente le envié un mensaje a mamá diciéndole que el 4G se había encendido por alguna razón. No pensé mucho al respecto y continué mi conversación con mi amiga. Minutos más tarde recibí una respuesta de mi mamá diciendo que ella lo apagaría de nuevo. Continué mi conversación un rato más, y después se apagó de repente.

Más tarde aquella noche, aproximadamente a las dos, me desperté repentinamente sin poder volver a dormir. Me volteé para encontrar una posición cómoda y vi que mi teléfono se encontraba en el lugar de siempre, en la mesilla junto a mi cama. *No —pensé—, recuerda en cuántos problemas te has metido ya con ese tonto iPhone.* Cerré los ojos e intenté volver a dormir, pero una voz en algún lugar en el interior de mi cabeza decía cosas como: "Vamos, tu mamá no se enterará". Y: "No es gran cosa". Y: "¿No sientes ni un poco de curiosidad para ver si siquiera lo apagó?".

Cinco minutos después, me rendí y decidí que solo miraría memes en la internet durante diez minutos. Bueno, esos diez minutos se tornaron en una hora y diez minutos. Vi la hora, asombrada de cuánto tiempo había estado en mi teléfono.

"Ella definitivamente se dará cuenta cuando revise el plan de suministro de internet", me dije mientras permanecía en la cama mirando hacia el techo. Mi estómago poco a poco se hizo un nudo, y sentía como si fuera a devolver mis fajitas. Comencé a hacerme pedazos por dentro, pensando en que mi mamá seguramente había confiado un poco en mí, ya que no había apagado de inmediato el acceso a internet. Ese pensamiento me llevó a un laberinto de autocompasión cuando comencé a pensar en cuán completamente tonta había sido. Y la voz que me convenció de utilizar mi teléfono ahora estaba utilizando mis acciones para causar estragos en mis emociones.

Decidí que pensaría en una solución a la mañana siguiente y me fui a dormir sintiéndome tonta, imperdonable, falaz y mísera a la vez. Desperté a las ocho treinta aproximadamente, y luego de recordar lo que había sucedido, suspiré y me preparé una taza de café. Luego, sentada en mi cama, comencé a pensar qué hacer. Tomé el ejemplar del libro *El campo de batalla de la mente*, de Joyce Meyer, que me habían prestado y comencé en donde me había detenido, esperando encontrar algo que me ayudara a averiguar cómo salir de la situación. No encontré nada. Cuando vi a mi mamá en el desayuno, el nudo de mi estómago se hizo más agudo. Me sentí terrible, sabiendo que ella me amaba y que yo había hecho exactamente lo que me había dicho que no hiciera. Fue por eso que no había podido decirle lo que había hecho, aunque esa era mi mejor opción.

Más tarde salí y me senté en mi columpio. Deseaba escuchar una canción en particular que no había descargado, por lo que, por razones que no recuerdo, pero que estoy segura de que no fueron inteligentes en lo absoluto, busqué la canción en YouTube, utilizando todavía más 4G. No me detuve con una canción y mi utilización de acceso a internet se salió de control. Fue entonces cuando lamentablemente me di cuenta de que no se trataba de si me atrapaban o no, sino de cuándo lo harían. Ni siquiera cinco minutos más tarde, mi mamá salió y me dijo que entrara porque necesitaba hablar conmigo, y yo sabía que me habían atrapado. Yo le confesé mis acciones, y no le agradaron. Me envió a mi habitación para terminar de leer *El campo de batalla de la mente*.

Cuando me senté en mi cama con el libro en la mano, me sentí imperdonable. Le pregunté a Dios: "¿Por qué no me puedo controlar? Me siento muy impotente. ¿Qué debo hacer?". Él me trajo a la mente un estudio bíblico que Angie [Schum] me había enseñado en la noche del martes, titulado "No puedes ser liberado de tus amigos".

"Samantha —Dios me dijo—, la razón por la que no puedes dejarlo se debe a que en lo profundo, aunque posiblemente no te des cuenta, no deseas soltarlo y temes lo que pueda suceder si lo haces. Pero necesitas confiar en que yo no permitiré que nada te lastime. Te amo y te perdonaré, pero primero tienes que perdonarte a ti misma".

Darme cuenta de eso me hizo sentirme mucho mejor. Sabía que Dios me amaba y que nunca me dejaría aunque yo hubiera caído en una de las maquinaciones del diablo. Sabía que Dios me ayudaría a salir de eso.

—SAMANTHA, 14 AÑOS

¿EN QUÉ SE ENCUENTRA ATRAPADO?

¿Puede pensar en algo de su vida que podría atraparlo sutilmente, tal como la rana en la cacerola que es calentada lentamente hasta que se encuentra cocinada? ¿Qué podría tener el poder de destruir su vida, algo en lo que usted cae una y otra vez? Estas trampas son puestas por el trampero maestro, llamado Satanás.

Dios nos advierte acerca de este trampero, Satanás. Él lanza cuidadosamente sus trampas de manera que ataquen las debilidades de cada persona. El capítulo anterior se enfocó en vencer un ataque externo (el ataque físico a Julee). Pero este capítulo se trata de las maneras en que nuestra carne puede ser atacada por dentro (la lucha interna de Samantha con la tentación).

CONTROLAR LAS LIBERTADES

Cuando usted era pequeño, quizá la trampa más grande que enfrentó fue pasar por la caja de la tienda de comestibles sin rogar que le compraran un dulce que estuviera al nivel de los ojos o al alcance. A medida que maduramos, sin embargo, tenemos más libertades que controlar. Los padres de Samantha le dieron libertad de utilizar el acceso al plan de internet de los celulares de la familia, y ella no controló bien esa libertad. Es claro que Samantha se dio cuenta tristemente que había violado la confianza que sus padres habían puesto en ella, al decir: "Comencé a hacerme pedazos por dentro pensando en que mi mamá seguramente había confiado un poco en mí, ya que no había apagado de inmediato el acceso a internet".

La vida es un proceso en el que aprendemos a controlar nuestras libertades en cada etapa de la vida. A un niño de cinco años no se le proporcionan las llaves del coche. A medida que comprobamos que podemos manejar un nivel de responsabilidad, más y más responsabilidad se nos da, y, como consecuencia, recibimos más y más libertad.

Muchos universitarios de primer año que pudieron sobresalir académicamente en la escuela media-superior, reprueban su primer semestre en la universidad, porque tienen demasiada libertad nueva. De pronto pueden decidir quedarse dormidos en la mañana y faltar a clase sin que sus padres los reprendan.

La primera guerra con la que tiene que pelear un estudiante universitario de primer año es con el despertador y con su cama. A veces se necesita un año para que los alumnos desarrollen sus músculos espirituales lo suficiente para vencer su deseo carnal de quedarse dormidos en lugar de ir a clases. Y es aquí donde controlar su libertad se intersecta con los anzuelos.

¿Qué atrae a su carne? Hacer lo correcto nos atrae, pero aquello que desea la carne nos atrae más (Romanos 7:18). ¡Salude a la trampa! La carne misma es una trampa. Tan pronto como alcance un nuevo nivel de libertad, usted se encontrará en una nueva guerra con su carne. Pero puede no saber con qué está peleando, porque hasta ese momento, otras personas han estado ayudándolo a controlar su libertad y a hacer lo correcto. Debemos aprender a disciplinarnos a elegir lo correcto, aunque nuestra carne desee algo más. Así es como evitamos las trampas de Satanás.

EL ENEMIGO ES REAL

Para complicar las cosas, el enemigo, Satanás, se enfocará en usted. De manera que el problema es más grande que tener una carne débil y demasiada libertad. Usted tiene un oponente que desea derribarlo. Él intentará entramparlo en alguna forma de esclavitud para que pierda la libertad que se le ha dado. Y por lo tanto es muy importante la promesa del Salmo 91:3, que dice que Dios nos librará de las trampas.

A menudo se ignora esta promesa cuando la gente estudia las promesas del Salmo 91. Quizá se deba a la manera en que está escrito, simplemente parece demasiado poético para ser aplicable. Pero comprender esta promesa le ayudará a evitar las trampas que Satanás le ponga.

LAS TRAMPAS DEL ENEMIGO

Con demasiada frecuencia, los adolescentes no están conscientes de que la oposición que están experimentando en realidad viene del enemigo. Resulta fácil pensar que todo es el resultado de causas naturales. Pero 1 Pedro 5:8 enfatiza que "el diablo, como león rugiente, anda alrededor buscando a quien devorar".

La versión Reina-Valera 1960 de la Biblia le llama a este intento en nuestra vida "el lazo del cazador" (Salmo 91:3). La descripción me hace pensar en una red lanzada por un cazador de pájaros. Usted siente como que está volando alto, y luego le lanzan una red que lo hala del cielo. Eso es lo que sucede cuando es cazado.

¿Alguna vez se remontó emocionalmente, cuando de pronto algo lo golpeó por detrás lo derribó a tierra y colisionó? Ese es el lazo del cazador. Al igual que la persona que atrapa aves con una red, un pensamiento puede derribarlo.

Los métodos del enemigo son sutiles y pérfidos. Por ejemplo, al diablo le encanta utilizar la depresión; demasiadas personas simplemente toleran la tristeza porque creen que es normal. Usted puede sentirse inseguro y luego darse cuenta de que con cada situación en la que se involucra, usted termina profundamente herido. Alguien está constantemente lastimando sus sentimientos, o algo siempre sale mal. Usted teme el fracaso, o la ira siempre está acechando justo debajo de la superficie, lista para salir disparada. Existen trampas hechas a la medida, puestas intencionalmente por su enemigo.

Piense en sus tentaciones. ¿Está usted siendo entrampado? No ignore las maquinaciones del enemigo, porque si lo hace él tomará ventaja de usted.

CAPÍTULO 3 — DIARIO

Este capítulo examina las trampas de la vida que intentan entramparnos. ¿Cuáles son sus áreas de debilidad? ¿El enemigo ha intentado utilizarlas para entramparlo?

_____

_____

_____

_____

_____

_____

_____

_____

_____

_____

_____

Capítulo 4

NO MÁS TEMOR DE ENFERMEDAD

Él te librará del lazo del cazador, de la peste destructora.

—Salmo 91:3

E N EL CAPÍTULO 3 hablamos acerca de las trampas de la tentación y el pecado. No solamente Dios nos libera de la trampa puesta por el trampero, sino, de acuerdo con la última parte de Salmo 91:3, Él también nos libera *de la peste destructora.* Yo siempre pensé que la peste era algo que atacaba los cultivos, como insectos, langostas, saltamontes, colonias de arañas, moho, pudrición de raíces. Pero después de hacer un profundo estudio acerca de la "peste", encontré para mi sorpresa que la peste ataca a la gente, ¡no los cultivos! Una peste es una enfermedad letal.

TEMOR *IRRACIONAL*

Cuando Cathy Stewart era una chica muy pequeña, de dos o tres años de edad, ella comenzó a sentir dolores extraños. Pronto, estos dolores la hicieron muy temerosa, y ella comenzó a tener ataques de pánico. A menudo el temor  era tan grande que ella pensaba que tendría un ataque cardiaco a mitad de la noche. La mamá de Cathy había experimentado un temor similar, y este temor pasó a Cathy a temprana edad. Sus recuerdos más lejanos estaban plagados de temores de enfermedades fatales.

Estos ataques de pánico y temor continuaron hacia sus años universitarios. Con simplemente mirar a Cathy nadie podía saber la batalla que estaba sucediendo en su interior. Ella fue animadora en la escuela media-superior, fue programadora de música en la estación de radio, fue popular en el campus universitario y se casó con uno de los hombres más solicitados del campus. Pero el temor era tan grande que para cuando se casó estaba arruinando su vida.

Cathy constantemente tenía lo que ahora ella llama *imaginaciones vanas* (imágenes mentales de enfermedades horribles), las cuales robaron eventos significativos de su vida. En ese tiempo, sin embargo, el temor evitó que viera el valor de lo que estaba perdiendo. En los primeros años de su matrimonio, el temor de un tumor cerebral finalmente la llevó a someterse a una resonancia magnética. Luego de que una amiga muriera por un coágulo, su primer embarazo quedó marcado por el temor a los coágulos. Ella sufrió del temor de tener la misma enfermedad que padecían sus seres queridos.

El esposo de Cathy oró fielmente por ella y se cimentó en el Salmo 91 a través de cada ataque, declarando que nada podía dañarla. Entonces un día, mientras escuchaba una lección grabada que una amiga le había dado, Cathy escuchó que Dios le hablaba. Él dijo: "Te voy a enseñar lo que es la fe". Al final de la grabación, cuando el ministro oró, ella sintió que mucho de aquello con lo que había batallado de niña era quitado de ella.

Cathy sometió su temor a Dios y proclamó: "¡No tengo temor de la enfermedad!". Ella aprendió a hacer retroceder el pánico cuando el enemigo la atacaba, y pudo comenzar a colocar su confianza en Dios. Ella describe dar pasos hacia la libertad como pelar las capas de una cebolla: ha sido un trabajo progresivo. Ella comienza identificando el temor. Luego declara su confianza al verbalizar una promesa de la Palabra de Dios. Cathy dice: "En cada batalla puedo decir que me estoy fortaleciendo en la Palabra de Dios, porque el temor ya no me paraliza. Puedo sentir que es quitado cuando tomo autoridad sobre el temor".

—Basado en una entrevista
con Cathy Stewart

No permita que el temor entre. El Señor no es quien da el temor, de manera que no debe darle espacio en su vida, ya que puede deformar su personalidad y dominar su vida. De acuerdo con 2 Timoteo 1:7, el temor lo deja impotente, con falta de amor e indisciplinado: produce una vida inestable.

> Porque Dios no nos ha dado un espíritu de cobardía, sino de poder, de amor y de dominio propio.
>
> —2 Timoteo 1:7

De pequeña, Cathy temía un ataque cardiaco cuando la mayoría de los niños de esa edad nunca han escuchado de tal cosa. Tener esos temores a tan corta edad era sumamente inusual. Cuando algo que no está en línea con la Palabra de Dios pasa por la línea generacional, es fácil que se vuelva normal, aunque eso hiciera a Cathy alguien nada normal. Pero no fue hasta que Cathy tuvo una familia propia que se dio cuenta de que se estaba perdiendo de la vida al vivir en constante ansiedad. El temor estaba controlando su vida, y ella decidió hacer algo al respecto.

Cathy se dio cuenta de que la confianza no conlleva temor, y comenzó a ver el temor tal cual era. Ella tuvo un momento de revelación en el que vio las trampas especializadas que Satanás había estado utilizando durante años para mantenerla atada al temor.

Una vez que salió por su cuenta, Cathy pudo ver que no todos los que la rodeaban peleaban con la misma clase de temores. Sus temores no eran lógicos. ¿Por qué pensaría continuamente en adquirir enfermedades? Ella comenzó a darse cuenta de que esa era una manera irracional de pensar. La gente no adquiere enfermedades mortales todos los días de la semana, lo cual nos hace pensar, ¿por qué el diablo utilizó esta trampa con ella?

Cathy era aprensiva, por lo tanto utilicemos la preocupación como ejemplo.

¿Qué hace a una persona regresar continuamente al anzuelo del enemigo? ¿Podría ser que el orgullo sea la razón por la que la gente se preocupa tanto? La gente rara vez piensa en la preocupación como una forma de orgullo, no obstante puede serlo. Cuando la gente se preocupa, se dicen a sí mismos que lo hacen porque el asunto les interesa más que a la mayoría. La preocupación da una falsa sensación de seguridad.

¿Podría ser que la gente siente que si no se preocupa lo suficiente permitirán que algo malo pase en su vida? Muchas personas piensan que si no se preocupan intensamente por sus seres amados, en realidad debe ser porque no los aman lo suficiente. Para emprender el camino hacia la libertad, ellos necesitan darse cuenta de que esta es una trampa especializada de la cual pueden ser libres cuando comprenden que el perfecto amor echa fuera el temor (1 Juan 4:18).

La pregunta que debe hacerse es: "¿Con qué propósito está utilizando el enemigo una trampa en particular, y por qué funciona en mí?". Por favor deténgase y hágase esta pregunta ahora mismo. Permita que alguien le ayude si lo necesita. No importa en qué área esté batallando, usted puede ser libre de lo que siempre ha sido una trampa para usted en el pasado.

Cuando Satanás lo tienta a pecar, incluso esa tentación puede convertirse en una trampa utilizada para entramparlo. Usted debe aprender a prestar atención a las advertencias de Dios acerca de las trampas ocultas que están esperándolo. Recuerde que son trampas *personalizadas*, tienen la carnada que más le tentará. Si usted cae en la tentación y el pecado, es como un animal que es atrapado en el lazo del trampero y abre la puerta a que cosas malas sucedan.

En el margen de su Biblia anote que el Salmo 91:3 tiene dos partes distintas. Menciona no solamente que Dios nos protege del lazo del cazador, sino también que Él nos rescata de la *peste destructora* (la enfermedad). Piense durante un momento acerca de las diferentes enfermedades que están atormentando nuestro mundo hoy en día, cáncer, apoplejías, diabetes, leucemia, ébola, SIDA, entre otras. ¿Hay alguna enfermedad que usted tema? El mundo puede reírse de usted por creerle a Dios, pero Él promete protegerlo de aquellas cosas.

DECIR "NO"

Satanás puede ser muy astuto con sus trampas. Él utiliza un anzuelo especializado, el anzuelo que le atrae a usted. La tentación le tiende una trampa: no actúa como una oportunidad al azar. Se asegura de dejar desguarnecido algo que usted desea, de manera que nadie lo vea tomarlo. La ilusión es que usted no tendrá que pagar por lo que hace mal, un mundo sin consecuencias. Al enemigo le encanta darnos oportunidades de robar, mentir, engañar o caer en cualquier pecado que nos tiene personalmente, solo para ver si mordemos el anzuelo.

El mundo está lleno de trampas, y es por ello que Dios colocó la libertad de los lazos en su promesa de protección. Se necesita coraje para hacer lo correcto, pero si se lo pide Dios le dará la fuerza para decir *"no"* cada vez que sea tentado. Cuando cae en la tentación muestra una falta de músculo espiritual. Debe fortalecer sus músculos espirituales para que no se mantenga debilucho en una área. Esa fuerza, el poder de decir *"no"*, es una de las maneras en las que Él promete protegernos, pero no tomará la decisión por usted. Usted tiene que buscar la fuerza de Dios y decidir por sí mismo.

Si tener la fuerza de decir *"no"* es un área de debilidad en su vida, intente escribir este versículo en una pequeña tarjeta: "Todo lo puedo en Cristo que me fortalece" (Filipenses 4:13). Llévela en su bolso, y sáquela para leerla con frecuencia. La Palabra de Dios es un arma real, un arma *espiritual*, y cuando la dice en voz alta en serio, las tentaciones se retiran.

El siguiente pasaje de 2 Corintios nos recuerda que la mayoría de las batallas comienzan en nuestra mente. ¡Es crucial ganar la batalla que está en sus pensamientos!

> Pues aunque andamos en la carne, no militamos según la carne; porque las armas de nuestra milicia no son carnales, sino poderosas en Dios para la destrucción de fortalezas, *derribando argumentos* y toda altivez que

se levanta contra el conocimiento de Dios, y llevando cautivo todo pensamiento a la obediencia a Cristo.

—2 Corintios 10:3-5, énfasis añadido

Salmo 91:3 promete protección de las trampas. Estas adquieren la forma de *tentaciones* que lo llevan al pecado y a imaginaciones que hacen que su mente se salga de control. Al igual que las trampas reales que son enviadas para *dañarlo físicamente*. Depende de usted creer y declarar la promesa de Dios para ayudarlo a vencer ambos tipos de lazos.

CAPÍTULO 4 — DIARIO

Este capítulo resalta la importancia de reconocer las trampas del enemigo. ¿A qué clase de anzuelo es usted más vulnerable? ¿Qué puede hacer para evitar las trampas de Satanás cuando se encuentra con ellas?

_____

_____

_____

_____

_____

_____

_____

_____

_____

_____

_____

LAS PROMESAS DE DIOS NO SON AUTOMÁTICAS

Con sus plumas te cubrirá, y debajo de sus alas estarás
seguro; escudo y adarga es su verdad.

—Salmo 91:4

Echado del nido

"Kalari, es tiempo de que crezcas. No siempre estaré ahí —mamá dijo mientras me dejaba el primer día de universidad—. Necesitas desarrollar tu propia vida de oración…". Este fue el primer paso para saltar de la orilla del Gran Cañón hacia las profundidades de poseer mi propio caminar con Dios.

Mamá acababa de perder su empleo, pero como madre soltera, ella no iba a permitir que eso afectara mi sueño de ir a la universidad. Mamá hizo un movimiento desesperado y audaz al dejarme en la universidad sin coche, dinero, empleo ni conexiones, y con $1,500 dólares por pagar de la colegiatura para alojamiento y comidas. Mamá anunció: "Kalari, ¡vas a tener que confiar en Dios!". O mi mamá estaba escuchando al Señor y Él iba a manifestarse, o yo iba a estar atorada a seis horas de casa durante un tiempo. Me arrojaron al fondo de la piscina, y ahora tenía que escoger entre hundirme o nadar, mientras caminaba por mi primer día en la universidad.

De pronto me di cuenta de que mamá podía escuchar a Dios, pero yo no había aprendido a hacerlo. Con una claridad creciente supe que si Dios le había dicho a mamá que Él me proveería, entonces lo haría.

Recordé cuando fuimos a visitar la Howard Payne University en la primavera, y yo temía tanto salir de casa que ponía cualquier excusa para no ir. Sin embargo, mi mamá no se conmovió con mis quejas producidas por el temor. Ella me dijo dulcemente en el césped del campus: "Puedes venir a casa conmigo, asistir a una universidad comunitaria, comenzar a trabajar un turno de nueve a cinco, batallar para llegar a fin de mes y terminar como yo; o asistir ahí, obtener un título y ganarte la vida". Esa noche se me presentó una oportunidad de fe que cambiaría mi vida más de lo que pensé.

Esto arrancó mi viaje personal, en el que me di cuenta de que no tenía fe por mí misma. Solamente creía las cosas, porque mi mamá las creía. Cuando mi mamá me decía que algo sucedería, yo creía que sucedería. Su fe era por lo que las cosas siempre funcionaban, todo porque ella creía en las promesas de Dios. Pienso que yo no creía en ellas o que siquiera supiera al respecto. En el grupo de jóvenes de nuestra iglesia hablábamos acerca de la salvación y de desarrollar nuestro carácter, pero no mucho acerca de las promesas de Dios. Al enviarme a la universidad, mi mamá me enseñó la lección espiritual de conectar una promesa con el problema.

Durante mis primeras semanas en la universidad, las pesadillas me atormentaban constantemente. Yo no tenía relación con mi papá, pero de pronto me encontré soñando con él. Cuando me despertaba descubría que había estado llorando durante mi sueño. Recuerdo un sueño vívido: Papá había iniciado la marcha del coche mientras yo me había agarrado por fuera de la ventanilla del coche. Sentía un profundo dolor. "¡Detente, papá, detente! —grité, pero él no se detuvo—. ¡Papi, por favor!". Él ni siquiera me miró [y se fue]. Yo no sabía que Dios deseaba sanar un corazón roto y que deseaba hacerlo —en especial *mi* corazón—.

Yo pude perdonar a mi papá mediante el discipulado cristiano, y fui liberada de los sueños atormentadores. No tuve que hacerlo sola. Dios me trajo amigos cristianos y me llevaron a un grupo de estudio bíblico que me acercó al Señor. De inmediato sentí libertad cuando algunos amigos cristianos oraron por mí por la sanidad de mi pasado.

Al tener sueños recurrentes me dijeron que cuando despertara de una pesadilla debía intentar regresar y volver a soñarlo, pero esta vez, sabiendo que el Señor está conmigo. Es gracioso, pero uno puede tomar lo que aprende durante el día y hacer que la paz venga a sus sueños por la noche.

Sinceramente, disfruto caminar con el Señor por sobre todas las cosas. Me he dado cuenta de que tengo mi propia fe para obtener respuestas para mis problemas. Me ha respondido a demasiadas oraciones. Mi madre y yo nos acordamos de aquella noche en el césped. Ella incluso me ha llevado de vuelta a ese mismo lugar, diciéndome: "Estuvimos aquí mismo cuando te hablé acerca de venir acá. ¿Qué me dijiste dos semanas después? ¡Mamá, ya sé porque estoy aquí!'".

A mi alrededor otras personas estaban desertando de la universidad debido a escasas finanzas. El Señor ha provisto sobrenaturalmente lo que he necesitado. Ahora me encuentro estudiando psicología y estoy a punto de graduarme de la universidad. No obstante, la mejor noticia es que luego de dieciocho años, mi relación con mi padre ha sido restaurada, porque creí por fe que él regresaría a mí. Y ahora me doy cuenta de que entonces mi mamá me estaba conduciendo hacia mi propia fe.

—KALARI FAULTRY

¿SE LE PAGA POR PONERSE EL UNIFORME?

Kalari aprendió la lección vital de que debemos tomar la responsabilidad personal de colocarnos firmes en la Palabra. Un paso importante en nuestra madurez es aprender a añadirle fe a las oraciones que hace nuestra familia por nosotros y no dejar que alguien más haga todo el trabajo.

En toda nuestra cultura ha permeado la sensación de tener derecho personal a todo. No podría ser más evidente que en el ejemplo de un egresado de la escuela media-suprior que obtuvo su primer empleo y se dio cuenta de que en realidad se esperaba que trabajara. Decidió renunciar cuando le pidieron que hiciera algo que él no *sentía* hacer. Cuando le preguntaron qué había hecho para merecer un sueldo todo lo que pudo decir fue que se había puesto el uniforme de la empresa.

Resulta difícil creer que esta sea una historia verdadera, pero trágicamente a menudo pensamos de esta manera en nuestro caminar con Dios. Demasiadas veces nos "ponemos el uniforme" y pensamos que solo porque somos cristianos, las promesas de Dios son automáticas. La historia modernizada en que David pelea con Goliat se ha convertido en "David espera que Dios golpee a Goliat con un relámpago". Dar solamente el mínimo es creernos con el derecho a recibir. Es como asumir que basta con el uniforme. ¿Qué dice la Biblia que debemos "hacer" como cristianos? David tuvo que "hacer" algo. El secreto es encontrar qué es lo que Dios desea que hagamos para conectar con las promesas.

HALCONES, POLLUELOS Y GALLINAS

Dios me dio un ejemplo sobre esto que nunca olvidaré. A menudo Él nos da un ejemplo de la naturaleza, para que podamos comprender mejor su Palabra. Este ejemplo pasó ante mis ojos, y lo que vi me impactó...

Mi esposo y yo vivimos en el campo, y una primavera, a nuestra mamá gallina le habían nacido algunos polluelos. Una tarde, cuando los polluelos estaban dispersos por todo el jardín, de pronto vi la sombra de un halcón por encima. Lo que sucedió después me enseñó una lección que jamás olvidaré. Lo que yo pensé que sucedería y lo que sucedió fueron dos cosas diferentes. La mamá gallina no corrió por todo el corral y saltó sobre los polluelos para intentar cubrirlos con sus alas, como uno esperaría. Yo pensé que la gallina tomaría a sus polluelos preferidos y en cuestión de segundos correría para cubrirlos. ¡No!

En cambio, para mi asombro, ella se agachó, extendió sus alas y comenzó a cloquear. Sin titubear, los polluelos se acercaron a ella corriendo de todos lados y se escondieron debajo de sus alas extendidas. Todo lo que la mamá gallina hizo fue cloquear y extender

sus alas, de modo que sus polluelos supieran dónde
esconderse. Luego cerró sus alas fuertemente, acurru-
cando a cada polluelo a salvo debajo de ella. No había
manera de que el halcón pudiera alcanzar a esos bebés
sin pasar primero por la mamá gallina.

Pensar en aquellos polluelos que corrieron hacia su
madre, me recuerda que nosotros tenemos que correr
hacia Dios. Él no corre por todos lados intentando colocar su cobertura sobre nosotros. Él dice: "Yo he puesto
a tu disposición la protección. ¡Corre hacia mí!". Si uno
de esos polluelos hubiese intentado esconderse solo o
no hubiera obedecido los graznidos de advertencia de la
madre, habría sido arrebatado por el halcón. Y cuando
nosotros corremos hacia Dios en fe, significa que el enemigo tiene que pasar por encima de Dios para alcanzarnos. No hay mayor seguridad. "Debajo de sus alas" es
un lugar muy apetecible. Saber que el refugio de Dios se
describe como un ala real que se extiende sobre nosotros
debería hacernos sentir sumamente seguros y protegidos.

—PEGGY JOYCE RUTH

¿QUÉ PAPEL JUEGA *USTED*?

¡Jerusalén, Jerusalén, que matas a los profetas, y ape-
dreas a los que te son enviados! ¡Cuántas veces quise
juntar a tus hijos, como la gallina junta sus polluelos
debajo de las alas, y no quisiste!

—MATEO 23:37

Sería difícil ignorar el contraste entre la disposición de Dios
y nuestro rechazo —su "deseo" contra nuestro "desinterés",
su "me gustaría" contra nuestro "preferiría que no"—. ¿Nos

está ofreciendo algo que no podamos aceptar? Este versículo de Mateo describe cómo es rehuir de la protección del ala.

¿Jugamos un papel en nuestra relación con el Señor? Yo siempre me he preguntado qué habría pasado en la primera Pascua si los israelitas no hubiesen permanecido bajo la sangre (Éxodo 12:13). La Biblia no proporciona ningún ejemplo de alguien que no haya estado bajo la protección de la sangre, como para que nosotros tuviéramos una respuesta certera, pero sí indica que la protección solamente estuvo disponible para quienes estuvieron en el lugar correcto aquella noche, *bajo la sangre*.

Y de eso se trata: tenemos que hacer un esfuerzo por estar *bajo el ala*, al lado de la parte más íntima, el cálido corazón palpitante. La protección del ala no es automática. Pregúntese: "¿Haré mi parte para buscar refugio debajo del ala elevada de Dios?". Demasiadas personas se acercan al cristianismo pensando que Dios tiene que llevar a cabo todo por ellas, y esa es una idea equivocada. La gente ha preguntado: "Perengano era cristiano, ¿por qué el Salmo 91 no le funcionó?". Para ponerlo tan claro como sea posible: No llegamos al mundo con el Salmo 91 (o cualquier otra promesa) tatuado en la espalda. Está disponible, pero no es automático.

Solamente uno de los dos ladrones miró a Jesús y le pidió: "¡Acuérdate de mí!" (ver Lucas 23:32-43). Jesús murió por ambos ladrones, pero eso no le hizo ningún bien a uno de ellos, porque no "hizo" su parte y aceptó la oferta que Dios les hizo a ambos. Nosotros tenemos que responder con nuestro corazón y con nuestra boca (Romanos 10:9-10). Tal como el ladrón de la cruz, ¡nosotros podemos estar al lado de Jesús e ignorarlo!

Demasiadas personas ven el Salmo 91 como una grandiosa

promesa que archivan junto con todos los libros que su mamá les dio a leer. Pero será demasiado tarde para quienes nunca oran el salmo y esperan que algo malo suceda para intentar encontrar el ala extendida de Dios. Por ejemplo, Juanito Adolescente mira la televisión y juega videojuegos regularmente, pero nunca entra en su escondedero para pasar tiempo con Dios, y luego, ¡pum!, el problema golpea. ¡Entonces recuerde el Salmo 91 y aquellas grandiosas promesas de protección!

Nosotros solemos utilizar el Salmo 91 como un medicamento después de estar enfermos, en lugar de utilizarlo como vitaminas para evitar la enfermedad. Es como cepillarse frenéticamente los dientes después de que el dentista nos dice que nuestra boca está llena de caries. Para usar otra analogía, el *mejor* momento para orar el Salmo 91 no es mientras salimos del campo de fútbol en una camilla con una lesión, sino en los casilleros antes del juego.

Entonces, ¿cómo puede poner en práctica el Salmo 91 antes de que golpeen los problemas? Una manera de esconderse debajo del ala de Dios es decir y creer: "Señor, yo decido esconderme debajo de tus alas de protección. Decido no confiar en mi propia fuerza para pasar por esto, sino confío en ti y en tu Palabra en esta situación".

Los jóvenes necesitan saber que tienen una responsabilidad que llevar a cabo para obtener la seguridad de Dios. Los polluelos tienen que decidir si se meten debajo del ala o no, tratar de esconderse del peligro o ignorar lo que Dios les está ofreciendo. Solo porque el Salmo 91 esté en su Biblia, no lo hace su experiencia propia. Cada persona tiene un papel que jugar en su propia protección.

CAPÍTULO 5 — DIARIO

Este capítulo es un recordatorio de que nuestra protección no es automática solo porque somos cristianos. Este capítulo me es especial, debido al ejemplo de mi propio corral. La historia de la gallina que cloquea y extiende sus alas para que los polluelos puedan correr para protegerse del halcón se le queda grabada a uno cuando nos damos cuenta de que tenemos un papel que jugar para obtener nuestra propia protección. ¿Qué puede hacer usted para poner en práctica el Salmo 91 *antes* de que golpeen los problemas?

_____

_____

_____

_____

_____

_____

_____

_____

_____

Capítulo 6
DETRÁS DE SU ESCUDO

Escudo y baluarte es su fidelidad.

—Salmo 91:4 [lbla]

Dios ha provisto un escudo para protegerlo. Ese escudo es Dios mismo. Su fe en sus promesas y en su fidelidad para hacer lo que Él dice que hará es lo que activa su escudo alrededor de usted para protegerlo del peligro.

Mi hijo, Bill, jugaba fútbol americano en la escuela, y nosotros oramos el Salmo 91 sobre él todo el tiempo que jugó, hasta su último año. Él siempre temía que nos levantáramos de las gradas y oráramos por él en la línea de cincuenta yardas, de manera que Bill mismo oraba el Salmo 91 para que *su madre* permaneciera sentada.

No importa lo que haga en la vida, esta promesa de un escudo es invaluable para su vida de oración. Aquí hay otra experiencia familiar acerca del fútbol americano y el Salmo 91.

Deportes, cascos y escudos

 Mi familia conocía el poder del Salmo 91 y declaraba sus promesas para toda la familia, pero en especial para mí, ya que yo era muy activo y jugué fútbol desde la escuela primaria a la universidad. Nosotros nos mantuvimos firmes orando el salmo por mí

para que no me lesionara. Recuerdo estar en un juego difícil una noche y mi pie voltearse hasta mi tobillo. De hecho lo escuché tronar. Pensé: "¡Ay, no!", mientras cojeaba hacia la línea de banda. Me senté en la banca y un entrenador revisó mi tobillo. Comencé a orar que Dios sanara mi tobillo. Luego de que el entrenador terminara de revisarme, le dije que me sentía bien, salté y regresé al juego. Nunca más volví a tener problemas con eso.

Lo más cercano que estuve de una lesión grave fue en mi primer año de escuela media-superior. En ese juego en particular me encontraba jugando como corredor de poder. El mariscal de campo me entregó el balón y yo corrí por en medio del campo. En este juego, sin embargo, hice algo que no debe hacerse cuando se corre con el balón: bajé la cabeza. Mientras chocaba con los demás jugadores, sus hombreras golpearon la parte trasera de mi casco, empujando mi cabeza hacia el suelo.

La lesión fue sumamente dolorosa y parecía que podía ser grave. El médico dijo que me había desgarrado todos los músculos del cuello y que no había nada que pudiera hacer para tratarlo. Incluso me recomendó dejar de jugar, pero eso no iba a suceder. Fue entonces cuando mis padres descubrieron un quiropráctico que nos ayudaría a poner mi espalda en forma para jugar fútbol. Nunca dejé de jugar fútbol, y durante los siguientes siete años, seguí jugando hasta la universidad.

Yo sé que Dios me protegió de una grave lesión de columna y de cuello, aunque yo había hecho algo tonto. Ese es un gran testimonio cuando lo pienso: Dios me ha protegido en cada deporte que he jugado, especialmente en el a veces violento deporte del fútbol americano. Nunca me quebré un hueso, jamás tuve una lesión que me cambiara la vida, ni me perdí un solo juego en esos once años. Orar la protección de Dios del Salmo 91 fue básico para que yo jugara deportes. Orar la protección del Salmo 91 se convirtió en la norma para mi familia, y oro que se vuelva normal para usted también.

—CHRISTIAN MCDANIEL

SU FE + LA FIDELIDAD DE DIOS

Imagine un escudo, uno real, hecho del acero más grueso, tan grande que usted puede esconderse en él y no ser visto en absoluto. Dios es esa clase de escudo. *Su fe en sus promesas y en su fidelidad para guardarlas se vuelve un escudo,* y este escudo le rodeará para protegerlo de lo que venga contra usted. Cuando el diablo le diga que no es suficientemente bueno, dese cuenta de que la bondad *de Dios* es su escudo. Utilice el escudo de su fidelidad para empujar contra cada cosa desconfiable de su vida.

Pensemos al respecto. Solo porque tengamos un papel que jugar no significa que la protección dependa de nosotros. Nuestro esfuerzo es muy pequeño, tal como el esfuerzo de ir detrás de un escudo; todo lo que tenemos que hacer es ir en pos de Dios y de sus promesas. Y tal como un escudo, Él es más fuerte que cualquier armadura. Qué asombrosa verdad que nuestra protección comience y termine con Él: Él lo promete. Él lo cumple.

Muchas veces pensamos en un escudo que solo está frente a nosotros. Es bueno tener un escudo frontal, pero este escudo es diferente. La palabra hebrea para escudo (*tsinnah*) en Salmo 91:4 es muy inusual en cuanto a que este escudo va alrededor de la persona. La palabra hebrea para baluarte o coraza (*cocherah*) es todavía más singular; se utiliza solo una vez en toda la Biblia y no se encuentra en otros escritos. Además significa algo que rodea a la persona y conlleva la idea de ser frío y espinoso. Podría implicar un efecto 3D o un tipo de burbuja protectora. A veces se traduce como "el entorno de una fortaleza de seguridad o armadura". Este concepto multifacético de protección tiene un profundo significado. Pero la conclusión es esta: El escudo protector de Dios rodea a una persona por todos lados.

Algunas personas llevan una vida insegura y temerosa porque nunca se dan cuenta de que están cubiertas por un escudo. Obtenemos confianza cuando reconocemos que estamos cubiertos por la protección invisible que se encuentra entre nosotros y el mal. Los soldados cuentan historias muy interesantes acerca de este suceso sobrenatural. Aquí compartiremos dos *viejas historias*, pero démosle un *nuevo significado*, porque le ayudarán a comprender el escudo sobre su vida.

Nos encontrábamos en un paseo por Mount Vernon cuando escuchamos esta historia:

> Un joven de unos veinte años se volvería una leyenda en los campos de batalla de la Guerra Franco-India. En 1755, el general Braddock estaba dirigiendo a 1300 soldados a pelear con los franceses y los indios, y un oficial del ejército en particular se elevaría por sobre las filas de lo que es posible con el hombre. Mientras marchaban para tomar el fuerte del norte, las tropas del general Braddock fueron emboscadas por los franceses

y los indios. Fueron rodeados, recibiendo disparos de ambos lados. Las tropas del general estaban escasamente equipadas para este tipo de *conflicto armado*, al ser solamente entrenados para pelear con un enemigo parado directamente frente a ellos.

Los franceses y los indios estaban escondidos en los árboles y los arbustos que les rodeaban, haciendo que los 1300 soldados fueran un blanco fácil. A pesar de estas terribles probabilidades, un oficial se levantaría por sobre la aparentemente desesperada situación. La batalla duró apenas dos horas, pero 714 de los 1300 soldados fueron asesinados o heridos, y ochenta y cinco de los ochenta y seis oficiales a caballo fueron derribados. Solamente un oficial permaneció indemne. Su nombre era George Washington.

El futuro presidente de Estados Unidos de alguna manera continuaba de pie y envió a las tropas restantes a retirarse a su fuerte. Al día siguiente, Washington le escribió a su familia, diciéndoles que varios caballos sobre los que él estaba cabalgando fueron heridos debajo de él y que encontró cuatro *orificios de bala* en su chaqueta (los uniformes del ejército durante este período no eran holgados como las chaquetas de vestimos hoy en día, sino eran abotonados y ceñidos). ¡Cuatro orificios y ni una sola bala lo tocó! La *mano de Dios* estaba con él. Quince años después de la batalla, Washington se encontraría con el jefe indio que peleó contra él aquel día. El jefe le dijo a Washington que había ordenado que sus hombres se dirigieran a los oficiales a caballo, no obstante, nadie pudo darle a Washington. El jefe mismo le disparó *diecisiete veces* a Washington, fallando el blanco cada vez. Él creía que George Washington era protegido por el Gran Espíritu. En una carta, George Washington le dio a Dios el crédito de lo que sucedió aquel día en batalla.

Ambos hombres pudieron sentir el *escudo invisible*. Washington estaba tan consciente de ello que escribió a casa para contarle a su familia sobre esta asombrosa protección, y quince años más tarde, el jefe continuaba anonadado con este hombre quien no pudo ser herido por sus balas.

Y otro momento famoso de la historia fue cuando un escudo se hizo evidente:

La Segunda Guerra Mundial es uno de los mejores ejemplos de la historia de un *escudo*. Durante la terrible, pero heroica semana de mayo de 1940, cuando el ejército británico fue obligado a retirarse completamente y había quedado expuesto en las riberas arenosas de Dunkirk, Francia, sucedieron muchos milagros. Estando desesperadamente expuestos, siendo blanco fácil de los aviones nazi y de la artillería pesada, y armados solamente con sus rifles, las valientes tropas estaban aparentemente atrapadas por el canal sin un lugar a donde acudir para protegerse. Un capellán británico dijo que se tiró boca abajo sobre la arena durante lo que pareció una eternidad en la desgarrada playa de Dunkirk. Los bombarderos nazi soltaron sus cargas letales, provocando que la metralla levantara la arena a su alrededor, mientras que los otros aviones rociaban su posición con sus ametralladoras disparando. Aunque aturdido por las explosiones a su alrededor, el capellán británico de pronto percibió que, a pesar del rugido ensordecedor de los proyectiles y las bombas que caían a su alrededor, no lo habían golpeado. Mientras las balas aún llovían encima de él, se puso de pie y miró con asombro el contorno de su propia figura en la arena. Era el único lugar liso y sin tocar en toda la playa llena de balas. Su escudo celestial con toda seguridad tenía la misma figura de su cuerpo.[1]

La mayor parte del tiempo no necesitamos un escudo que nos proteja de balas verdaderas que nos son rociadas encima, pero es bueno saber que este escudo ha sido probado bajo tales circunstancias. La historia de George Washington es una historia de espectacular heroísmo; no es lógico que no solamente sobreviviera, sino que fuera el único oficial al que no pudieron herir. ¡La chaqueta de su uniforme no estaba protegida, pero su cuerpo sí! Y este capellán en las arenas de Dunkirk estaba clamando Salmo 91, solo para ver la prueba de su escudo cuando vio las marcas de las balas en la arena. ¡El escudo formó la figura de su cuerpo cuando no tuvo lugar donde esconderse, y se encontró debajo del ala del Altísimo!

Christian comprendió que el Salmo 91 le proporcionaba un escudo cuando jugaba deportes de contacto. Su familia y él oraban por la protección de Salmo 91 sobre él y creían en ella. Los soldados también nos dan un buen ejemplo, ya que ellos necesitan escudos como parte de la descripción de su puesto, y a menudo se encuentran en la línea de fuego del peligro. Aunque los cascos deportivos y los chalecos antibalas ofrezcan una protección limitada, su escudo invisible del plano espiritual es el equipo más importante que usted puede usar.

CAPÍTULO 6 — DIARIO

Este capítulo resalta la importancia de saber que tenemos a nuestra disposición un escudo. Pocas personas se dan cuenta de que parte de la naturaleza de Dios es ser un escudo protector literal para nosotros. Nuestra fe en las promesas de Dios y en su fidelidad para hacer lo que Él dice que hará se convierte en un escudo a nuestro alrededor para protegernos del peligro. ¿Cómo podría recordarse a usted mismo que Dios es su escudo protector?

_____

_____

_____

_____

_____

_____

_____

_____

_____

_____

NO TEMERÉ EL TERROR

No temerás el terror nocturno.

—Salmo 91:5

Un visitante nocturno

Durante el período veraniego de la universidad, mi compañera de cuarto y yo vivimos fuera de la universidad en una pequeña casa de dos habitaciones en una calle agitada. Un viernes por la noche, mi compañera de cuarto y otras amigas de nuestro grupo universitario de la iglesia decidieron ir a la casa de Jack y Peggy Joyce Ruth en el campo para ver películas. Debido a que yo estaba cansada y tenía que trabajar al día siguiente, decidí quedarme en casa.

Nuestra casa era pequeña y acogedora, con un solo estacionamiento adjunto y un pequeño patio trasero. Los viernes por la noche normalmente se escuchaban coches pasar por nuestra calle. Nuestro casero y su familia vivían en la casa de al lado.

Cuando mi compañera de cuarto, Ceil, se marchó de casa con otras amigas, ella dejó instrucciones explícitas de cerrar la puerta de tela metálica. Nosotras no teníamos aire acondicionado y con frecuencia dejábamos que la brisa nocturna entrara por la puerta de tela metálica. Yo salí a despedirlas y cerré la puerta como me pidió, aunque todas las ventanas también estaban abiertas.

Yo me encontraba en mi pequeña habitación, a unos metros de la puerta principal, estudiando la Palabra de Dios. Peggy Joyce Ruth había estado enseñando (ocasionalmente) acerca del Salmo 91 y del escudo de Dios de protección sobre nosotros. A mí siempre me ha encantado memorizar versículos y había comenzado a memorizar el Salmo 91. Me encanta este salmo, era una tremenda carta de amor para mí.

Mientras estudiaba la Palabra, los únicos ruidos que podía escuchar provenían de la calle. Me sorprendí cuando de pronto escuché sacudirse la puerta principal. No le di mucha importancia al principio, pero luego se volvió persistente, como si alguien estuviera intentando abrir la puerta. Se sacudió cada vez más, y luego una voz de hombre comenzó a gritar: "¡Déjame entrar, déjame entrar! Sé que estás adentro, ¡déjame entrar!".

Mi compañera de cuarto me había advertido que muchos fines de semana por la noche nuestro casero llegaba a casa ebrio y podía escuchársele en la puerta de al lado pelear ebrio con su familia. Debido a que ella también me había advertido que se le había insinuado, me imaginé que se había acercado a la puerta pensando que ella estaba en casa. Yo nunca lo había conocido hasta entonces, ya que me había mudado un par de semanas antes. Quién sabe quién estaba en esa puerta, pero yo sabía que tenía en las manos un problema que se intensificaba.

Los repiqueteos y los empujones de la puerta parecieron ser eternos. Mientras yacía sentada congelada en mi cama, mis primeros pensamientos fueron acerca del salmo protector de Dios, el Salmo 91. Debido a que se encontraba en lo profundo de mi espíritu y de mi memoria, automáticamente comencé a citarlo en voz alta: "El que habita al abrigo del Altísimo morará bajo la sombra del Omnipotente. Diré yo a Jehová: Esperanza mía, y castillo mío, mi Dios en quien confiaré...", y continué. Levanté mi Biblia hacia el techo, y prácticamente estaba gritando el Salmo 91, mientras rechazaba el temor de la circunstancia en la que me encontraba.

En algún momento gateé hacia el teléfono de la habitación de Ceil en frente y llamé a la casa de los Ruth. Susurré que alguien estaba intentando entrar en la casa, y que si alguien podía regresar a la ciudad. Colgué y, con mi Biblia en una mano y el palo más cercano que podía usar como arma (creo que tomé una herramienta de jardín) en la otra, me paré en el pasillo, sin atreverme a entrar en la tenue luz de la entrada, y continué gritando el Salmo 91.

El fuerte repiqueteo, el temblor y los gritos cedieron.

Pronto escuché el gran coche viejo de Angelia Ruth dirigiéndose de prisa a la entrada. Aunque ella más tarde me dijo que el camino le había tomado más tiempo de lo normal, porque el joven que conducía presionaba continuamente el embrague hasta que Angie le ordenó que dejara el asiento del conductor, llegaron justo a tiempo.

Mis amigas entraron al porche y llegaron a la puerta de tela metálica, cuando tomaron el picaporte, la puerta se abrió. El gancho y el ojillo de la puerta de tela metálica no estaba sujeto en absoluto; los intentos del hombre por entrar debieron haber soltado por completo el pestillo.

Esto es lo que sé: yo cerré el pasador, escuché el repiqueteo de una puerta cerrada con pasador y escuché los gritos de un hombre medio trastornado por el alcohol o con una intención maligna. Tuve la entereza en ese momento de dificultad para utilizar la Palabra de Dios en el Salmo 91, y tomé una herramienta de jardín como arma. Además debí haber tenido un ángel muy grande parado en la puerta, tanto cuando cerré la puerta como cuando se abrió. Yo clamé las promesas de Dios en el Salmo 91 como mi escudo de protección, y el diablo *tuvo que* huir. Los resistí a él y sus estratagemas, pero solo mediante la Palabra de Dios.

Hasta hoy, el Salmo 91 está en mi mente cuando las cosas parecen no estar bien en la casa o si estoy sola en un lugar desconocido con personas desconocidas. He viajado bastantes millas en avión y he orado el Salmo 91 cuando un vuelo ha tenido problemas. Una y otra vez, Dios nos ha demostrado quién es, a mí y a quienes me rodean, a través de las palabras de este salmo.

Estoy muy agradecida por la enseñanza de la Palabra en mi vida a temprana edad. Definitivamente ha perdurado a lo largo de mi vida.

—JO ANN SOMERS HONEY

El quinto versículo del Salmo 91 nos recuerda que Satanás enviará peligros y terrores a nuestro camino, especialmente en la oscuridad de la noche. Los jóvenes pueden enfrentar todo tipo de situaciones aterradoras. Simplemente caminar por una calle oscura en la noche puede provocar temor.

Jo Ann enfrentó su terror de frente y experimentó de

primera mano la verdad del Salmo 91:5: "No temerás el terror nocturno, ni saeta que vuele de día". Observe que este versículo cubre un período de veinticuatro horas al enfatizar una protección de *día* y de *noche*. El temor nocturno de aquello que no podemos ver es una sensación sobrenatural, pero Dios continúa estando ahí con usted.

DIOS YA TIENE UN PLAN PARA LAS COSAS MALIGNAS

Usted posiblemente haya observado que el Salmo 91:5-6 aborda diferentes tipos de males en grupos, con el fin de cubrir *cualquier mal* que pueda ocurrirle. El primer grupo del versículo 5 se describe como "terror nocturno". Piense en la clase de crímenes que normalmente tememos; dentro de este mal que Dios llama "terror nocturno" se encuentra toda cosa aterradora que *otra persona* puede hacer para causarle daño. En este grupo están todos los males que vienen a través de personas —ataques físicos, secuestro, robo, asesinato, ataques terroristas—, así como terrores nocturnos, los cuales interrumpen nuestro sueño.

Por sorprendente que parezca, el temor es un ingrediente innecesario para nuestra vida: "No tendrá temor de malas noticias; su corazón está firme, confiado en Jehová" (Salmo 112:7). A través de este versículo, Dios está diciendo: "No temas lo que la gente pueda hacerte. Yo te protegeré". Contraataque con la Palabra el terror que intenta apoderarse de usted.

La capacidad de confrontar el terror sin temor es una asombrosa promesa (¡aunque con la otra mano esté agitando cualquier palo, garrote o herramienta de jardinería que pueda encontrar!).

CAPÍTULO 7 — DIARIO

Este capítulo examina la liberación que Dios nos da de todas las clases de terror. Muchos luchan con terrores nocturnos, y hemos visto que el Salmo 91:5 promete liberarnos de esta clase de temor. Este capítulo también aborda el terror de lo que otra persona pueda llevar a cabo para dañarnos. ¿De qué maneras podemos combatir el temor?

_____

_____

_____

_____

_____

_____

_____

_____

_____

_____

Capítulo 8

NO TEMERÉ LAS SAETAS

No temerás […] saeta que vuele de día.
—**SALMO 91:5**

RODEADO POR TODOS LADOS

Jake Weise recuerda haberse subido a una Hummer militar color negro en su base de Faluya. Siendo él un hombre alto, rubio y de complexión fuerte, Jake deseaba formar parte de la infantería estadounidense de marina desde que podía recordar. Ahora, como artillero de la infantería y cabo de la Compañía del Golfo del Segundo Batallón de la Primera División de la Marina, estaba en su segundo despliegue en Irak. Sus tareas se centraban en la ciudad de Faluya y sus alrededores, la cual se encuentra a cuarenta millas [poco más de sesenta y cuatro kilómetros] al oeste de Bagdad. Ese había sido uno de los lugares más pacíficos de Irak, pero para el 24 de septiembre de 2004, el líder insurgente, Abu Musab al-Zarqawi, había reunido allí unas cinco mil tropas. Muchos de ellos no eran iraquíes. Ahora Faluya era un lugar violento controlado por un enemigo brutal e impredecible.

Jake y su equipo, desde junio, habían tomado el camino al este de Faluya, el cual unía las ciudades de

Ramadi y Bagdad. Ellos la llamaban "hoja de trébol", y ya que era una buenísima ruta de transporte, los insurgentes la deseaban desesperadamente. Para entonces, el terreno era escabroso y estaba devastado por la guerra, pero las cosas habían estado quietas durante varios meses, y Jake casi podía sentir que la hostilidad estaba cociéndose como el sol en las arenas desérticas en verano. Él ya sabía que esa paz en una zona de guerra no era nada más que una ilusión; el silencio significaba que el enemigo estaba planeando su siguiente ataque.

Al escuchar disparos, Jake se dirigió de inmediato hacia la hoja de trébol. En su mente no había duda de que los soldados estadounidenses estaban peleando por su vida. Jake era un buen infante de marina, y permanecía preparado. En batalla, el instinto se hacía evidente como resultado del vigoroso entrenamiento por el que había pasado. Estaba orando el Salmo 91 para cuando la Hummer se había puesto en marcha: "El que habita al abrigo del Altísimo...".

Al llegar a la hoja de trébol, Jake escuchó los disparos, saltó de la Hummer con su arma lista y rodó hacia atrás de los sacos de arena. Los hombres ya habían sufrido un golpe, y ahora el ataque había llegado a un nivel descabellado. Los insurgentes estaban perfectamente cubiertos por los altos edificios circundantes, y estaban logrando mantener un fuego intenso. Sus elevadas posiciones también les permitían ver cada movimiento de Jake y de sus hombres. Ellos estaban acorralados, sin poder moverse. Los minutos se tornaron en una hora y luego dos, y aunque los insurgentes no aflojaron, Jake y sus infantes de marina mantuvieron su posición.

Jake disparaba, haciendo aquello para lo que lo habían capacitado; pero también oraba, haciendo aquello para lo que lo habían capacitado. Atrapado en una pelea por su vida, Jake reflexionó sobre sus días en Brownwood, Texas. Ahí, una mujer llamada Peggy Joyce Ruth había enseñado el análisis más completo del Salmo 91 que había escuchado.

Hasta entonces, Jake nunca había imaginado el poder encerrado en ese salmo, de manera que tomó la decisión de orar el salmo por sí mismo todos los días, al igual que su familia, y regresó a casa de su primer despliegue sin rasguño alguno. Pero nunca se había encontrado con nada como lo que estaba enfrentando ahora. Era una guerra a un nivel que nunca había imaginado.

Un par de horas después y por sobre el tumulto de la pelea, Jake escuchó el sonido más hermoso que había escuchado jamás: helicópteros Cobra de ataque aéreo, aviones Spectre AC-130 de ataque aéreo y aviones de combate F-18, junto con equipos combinados antiblindaje con ametralladoras pesadas y misiles antitanque dirigidos ópticamente lanzados por tubo. Pero antes de poder alegrarse, uno de los Cobra fue derribado. Él había estado orando durante horas sin parar. Había orado (¡no solo orado, sino declarado!) el Salmo 91 con tanta frecuencia para sí y para su compañía que ahora fluía hacia Dios como su propio aliento.

Incluso con un gran apoyo de arriba y en tierra, los insurgentes no amainaron. "No temeré el terror nocturno, ni saeta que vuele de día [...] Caerán a tu lado mil...".

Horas de constante fuego después, un francotirador le dio al comandante de la compañía de Jake. Fue un tiro limpio hacia la cabeza. La bala no penetró el hueso. En cambio, siguió el arco cigomático, dejando una desagradable rotura a lo largo del pericráneo.

Los disparos de los francotiradores también hirieron a otro infante en la cabeza, pero de nuevo, la bala no penetró el cráneo del hombre.

Luego de casi siete horas de fuego continuo, los tanques y otras armas pesadas de apoyo comenzaron a derribar los edificios cercanos a Jake y a las trincheras delanteras de su equipo. Con eso, el fuego amainó.

Determinados a tomar la hoja de trébol, los insurgentes se reagruparon y atacaron de nuevo al día siguiente. Un furioso e intenso fuego les llovió, pero de nuevo, Jake y su equipo los hicieron retroceder.

La batalla siguió durante la semana siguiente. Un infante recibió un tiro en la rodilla derecha. La bala se fue debajo de la rótula y entre los huesos, dejando una penetración limpia.

Una bala calibre 50 hirió a otro infante en la axila, donde perforó su pulmón y se alojó en su esternón. "Usted puede llamar sobrevivir a una bala calibre 50 nada más que un milagro —dice Jake—. ¿Y qué probabilidad hay de que dos balazos en la cabeza no penetren el hueso? Las balas debían explotar tras el impacto".

Jake dijo que oró y se mantuvo firme en el Salmo 91 durante todas aquellas batallas, y nunca sintió siquiera que un pedazo de metralla pasara junto a él. A pesar de semanas y semanas de tiroteos, la compañía de Jake no tuvo un solo hombre muerto en acción en junio, julio, agosto ni septiembre. Jake supo que ese debió ser un resultado directo de la oración que los cubría a él y a su compañía. Cuando llegó a casa habló de que había presenciado milagros de la mano de Dios simplemente por creer en la Palabra de Dios en el Salmo 91 y por pararse firme en ella.

Jake Weise y la Compañía del Golfo no solamente sobrevivieron al ataque; protegieron la hoja de trébol de caer en manos de los insurgentes. En la historia de la guerra de Irak, el 24 de septiembre de 2004 será recordado para siempre. Los masivos ataques insurgentes de ese día desencadenaron la Segunda Batalla de Faluya que se libró en noviembre y diciembre.

Jake completó su misión en Irak sin una sola lesión —en espíritu, alma y cuerpo—. Cuando se marchó de Irak, no dejó atrás su fe. Adondequiera que va es un infante de marina, pero más que eso, Jake es un hombre que camina consciente de la protección divina sobre él.

—BASADO EN UNA ENTREVISTA CON JAKE WEISE

Aunque el ejército estadounidense equipa a sus soldados para protegerlos, Jake estaba más blindado de lo que podía verse con los ojos naturales; el Señor fue la defensa de su vida contra cada bala que le fue lanzada. Y sin importar lo bueno que fuera su equipamiento, él necesitaba más. Jake nos dijo que de verdad podía sentir las palabras del Salmo 91 bombeando en su ser, dándole esperanza en medio de una situación que fácilmente podría haberlo llevado al desaliento. Jake enfrentó balas no flechas como menciona el Salmo 91:5, pero la intención es la misma: apuntar para aniquilar al oponente.

Cómo ataca el enemigo

Una punta de flecha es relativamente pequeña, pero está hecha para atacar con precisión. Las saetas o flechas no se disparan al azar, sino son dirigidas meticulosa y hábilmente para herir los lugares más débiles y vulnerables. Como consecuencia, saber que usted está bajo ataque es la mitad de la batalla.

Examine los pensamientos que continuamente le vienen a la mente. Observe los sentimientos repetidos de depresión, rechazo, aislamiento, inseguridad, ansiedad; todo lo que regrese a atacarle una y otra vez. Satanás es suficientemente astuto para apegarse a lo que funciona, y a menos que usted esté protegido, sus flechas encontrarán su objetivo. Algunas saetas son enviadas para herirlo físicamente, mientras que otras pueden ser emocionales o espirituales. Recuerde que las flechas son enviadas a propósito y son dirigidas con malicia hacia el punto donde provocarán el mayor daño.

Las saetas de Satanás están dirigidas hacia las áreas en que nuestra mente no está renovada por la Palabra de Dios. Posiblemente una flecha esté dirigida hacia donde continuamos perdiendo los estribos, o hacia donde nos ofendemos con facilidad, o hacia donde nos sentimos rebeldes o temerosos.

Otra clase de saeta es una dificultad o un problema enviado para perturbar su vida. A menudo la gente no se da cuenta de que los problemas para "hurtar, matar y destruir" que enfrentan en realidad son flechas enviadas por el enemigo (ver Juan 10:10).

Piense en las áreas en las que se siente más débil, y sabrá dónde esperar los ataques más feroces. No es justo; de hecho es cruel, pero así es como opera Satanás: él dirigirá su ataque al lugar en que usted sea más vulnerable. Recuerde que "ninguna arma forjada contra usted prosperará" (Isaías 54:17). Las saetas son armas como cualquiera otra, y pueden ser derribadas y aventajadas. La Palabra de Dios es la más poderosa arma espiritual que existe, y puede destruir cualquier flecha enviada contra usted.

¿Cuáles son las áreas vulnerables de su vida? ¿En dónde hay ataques una y otra vez? ¿En qué área los problemas se han convertido en un ciclo repetitivo en su vida?

El Señor no habría prometido protegerle de las saetas del enemigo si no hubiese planeado que usted le creyera y declarara victoria. Aunque los dardos puedan volar hacia usted (ver Efesios 6:16), no tienen que dar en el objetivo. La gente a menudo se rinde cuando el dardo ha sido soltado hacia su cabeza o hacia su corazón. No corren al ala de Dios para refugiarse, o dejan caer su escudo de la fe y *dejan* que la flecha dé en su objetivo. Nosotros debemos tener una táctica diferente. Este es el momento de resistir y mantenerse firmes.

CAPÍTULO 8 — DIARIO

Este capítulo explora la liberación de Dios de las flechas dirigidas hacia aquellas áreas que más nos lastimarán. Satanás dispara dardos deliberadamente con la intención de lastimarnos. ¿En qué área de su vida recibe ataques una y otra vez? ¿Cómo puede obstruir esas saetas antes de que lo golpeen?

_____

_____

_____

_____

_____

_____

_____

_____

_____

_____

_____

Capítulo 9
NO TEMERÉ LA PESTILENCIA

No temeré […] pestilencia que ande en oscuridad.

—Salmo 91:5-6

Tenga su propia fe

Mientras me encontraba en la Howard Payne University de Brownwood, Texas, el dolor de mi abdomen se volvió tan intenso que me desmayé durante una lección de voz.

Antes de mudarme de la casa de mis padres, mi papá a veces se sentía superado en número por tres chicas adolescentes en su progenie. Pero no le molestaba, decía que lo engreían al tener tantas mujeres pendientes de él.

En mis años de adolescencia luché con dolor intenso durante mi ciclo mensual. Los cólicos eran tan severos que a menudo me quedaba postrada en cama durante dos o tres días al mes. No obstante, mi mamá oraba fielmente conmigo en esos días. Lamentablemente, cuando salí a la universidad, el dolor comenzó a intensificarse. Recuerdo llamar regularmente a mi mamá para pedirle oración: "Desde luego que oraré por ti —ella me decía—; pero ahora que ya estás en la universidad, necesitas desarrollar tus *propios* músculos de fe. Tú ora y yo estaré en acuerdo".

Yo había dejado que mi mamá orara por mí —por todo— durante toda mi vida. Y esta vez yo estaba disfrutando una vida relativamente despreocupada al ser una alumna universitaria, y no estaba tan atenta de mi fe, ¡pero sabía que mi mamá sí lo estaba! Mamá era como una roca.

A los veinte años un médico me diagnosticó con endometriosis. Los cólicos debilitadores que había tenido durante mi crecimiento continuaban ocurriendo mensualmente, y yo temía la potencial infertilidad debida a la cicatriz que dejaba cada episodio.

Y entonces, un año después, estaba tendida en el suelo frío.

De camino al suelo me golpeé la cabeza con el piano. Cuando recobré la consciencia con la ayuda del agua y las toallas de papel que me aplicó mi entrenador de voz, llamé a mis padres. Mi padre llegó y rápidamente me llevó a casa a Midland, Texas. Mientras entraba por la puerta trasera de la casa de mis padres, mi madre salió a mi encuentro. Ella afirmó claramente: "Podemos hacerlo de dos maneras: a la manera de Dios o a la manera del hombre. ¿En qué manera va a ser?".

Con lágrimas decidí hacerlo a la manera de Dios. Oré mientras mi mamá me imponía manos y declaró las promesas de la Palabra de Dios sobre mí en el nombre de Jesús. ¡Y lo recibí! Creímos por fe que fui sanada.

Desde aquel día ni siquiera he tenido cólicos. Mi esposo, Kevin, y yo tenemos cuatro hijos, dos de los cuales fueron completamente sorpresa.

Durante unos análisis luego de haber sido sanada, le pregunté a mi ginecólogo si había cicatrices debido a la endometriosis. No había ninguna. Su comentario fue: "No hay forma de que hayas tenido endometriosis". Dios me sanó tan completamente que ni siquiera había restos de esa enfermedad, y se demostró que mis temores de infertilidad eran equivocados en una manera abundante y hermosa.

Kevin, al igual que mi papá, estuvo rodeado de tres chicas que lo consintieron. Hasta nuestra última adquisición: un niño. Desde el día que me caí durante la clase de canto, mi fe ha crecido. Ya no soy una alumna universitaria que tuvo que ser llevada deprisa a casa para que mi mamá orara por mí. En mis años de crecimiento, mis padres fueron los fuertes, pero aprendí de ellos a acudir directamente a Dios.

—RACHEL DULIN KOONTZ

"¿Por qué, Dios? ¿Por qué permitirías que esto me sucediera?". A menudo hacemos esta pregunta cuando enfrentamos dolor. Salmo 91 aborda incluso las cosas más extremas que enfrentamos, y nos da muchas promesas.

DIOS NO DESPERDICIA LAS PALABRAS

Ya que Dios no desperdicia las palabras, Él debe tener una razón específica para repetir su promesa de que no temeremos pestilencia. Cuando la gente dice algo más de una vez, normalmente están intentando enfatizar una idea. Dios sabía que la pestilencia y el temor correrían descontrolados durante los días en que vivimos. En el mundo pululan epidemias fatales que están golpeando a miles de personas.

A veces se nos complica creer estas promesas de Salmo 91, porque estamos rodeados de personas que no creen en la

Palabra de Dios. Es por ello que necesitamos cambiar nuestra manera de pensar hasta que se alinee con la manera en que Dios ve las cosas. Demasiadas personas piensan que es normal estar enfermos. A decir verdad, la enfermedad no es un estado natural. Pero Dios va más allá. Él ha colocado algo en el cuerpo de cada uno de nosotros que hace que intente sanarse a sí mismo. Por ejemplo, si alguien tiene una cortada en el dedo, esta se cierra de nuevo. Y el cuerpo trabaja duro para deshacerse de las toxinas, venenos, infecciones, etc.

Los médicos se apoyan fuertemente en la capacidad que tiene el cuerpo de sanarse a sí mismo. Dios colocó esta capacidad para sanarse dentro de nuestro propio diseño, y Él refuerza su promesa de protegernos de la pestilencia al declararlo dos veces, en los versículos 3 y 5-6. Resulta importante utilizar no solamente nuestras herramientas naturales, sino también las promesas que Dios nos ha dado.

A medida que crecemos de niños a adultos asumimos más responsabilidad. Podemos ver este progreso en el orden natural de las cosas —nos alimentamos solos, limpiamos cuando hacemos un desastre, nos ganamos la vida, cuidamos a aquellos de quienes somos responsables—; pero no podemos olvidar que espiritualmente también adquirimos más responsabilidad. Construimos una protección contra la enfermedad (tanto física como espiritual) al conocer la Palabra de Dios y declarar sus promesas para nosotros.

Comience a orar el Salmo 91 de joven. Ore *antes* de que algo lo ataque. La oración preventiva es decidir jugar ofensivamente en lugar de hacerlo defensivamente. Sea proactivo al desarrollar los músculos de su fe.

LA FE ES UNA DECISIÓN

Algunos creen que la fe es difícil, pero se debe a que creen que la fe es un *sentimiento*. La fe no es un sentimiento, sino una decisión. La fe es simplemente *decidir* creer lo que Dios dice en su Palabra y negarse a dudar. Pero podemos tener fe en la etapa preventiva, cuando las cosas están marchando bien; en nuestras circunstancias presentes, aunque estemos pasando por algo difícil; e incluso en la peor situación posible, cuando estemos enfrentando una derrota inmediata.

El Salmo 91 es para todas las temporadas y todas las etapas de dificultad de su vida. Alguien ha dicho a modo de broma: "Hay dos ocasiones en que el enemigo lo ataca: ¡cuando no se encuentra en la voluntad de Dios, y cuando se encuentra en la voluntad de Dios!". ¡No importa por lo que esté pasando ahora, escoja la fe!

¿QUÉ SI IGNORAMOS LA ETAPA PREVENTIVA?

Aunque es mejor prevenir, la cura está disponible si ignoramos esa etapa. Podemos vencer después de ser atacados en nuestro punto de vulnerabilidad o si hemos sido atacados implacablemente. Con Dios todas las cosas son posibles, aunque el mundo piense que es demasiado tarde y se haya dado por vencido.

La Palabra de Dios es medicina para todo su cuerpo (Proverbios 4:22). Si ya ha tenido un ataque, la Palabra es medicina y tiene el poder de sanar. Si se encuentra en una situación desesperada pídale a alguien que ore por usted. Pero si se encuentra bajo un pesado ataque, es muy probable que usted tenga que ponerse agresivo con la Palabra de Dios para cambiar el curso de la batalla.

Conocí a un joven que recopiló una lista de versículos acerca de la sanidad y los leyó en una grabadora, luego reprodujo la grabación una y otra vez hasta que le fue fácil creer la Palabra de Dios acerca de la sanidad. Dios le ha dicho que no tiene que temer enfermedades. Piense en esa promesa una y otra vez hasta que la crea con todo su corazón.

CAPÍTULO 9 — DIARIO

Este capítulo cubre la liberación de la pestilencia y de todo tipo de enfermedad fatal. ¿Le resulta difícil creer que Dios desea sanar? ¿Por qué sí, por qué no? ¿Qué dice la Biblia acerca del deseo que Dios tiene de sanar?

_____

_____

_____

_____

_____

_____

_____

_____

_____

_____

_____

NO TEMERÉ LA DESTRUCCIÓN

No temerás [...] mortandad que en medio del día destruya.

—**SALMO 91:5-6**

UN TORNADO EN EL PATIO TRASERO

Cuando mis padres me hicieron salir y hablarle a un tornado, me di cuenta de que yo no tenía padres normales. Me di cuenta de que cuando los padres sacan a sus hijos para citar la Palabra de Dios frente a una tormenta, de verdad debían creer las historias de la Biblia.

La radio nos advirtió que el tornado se dirigía directamente hacia nuestra casa. Yo pude sentir que la fe incrementaba en mi corazón a medida que mis padres nos colocaban en una posición para poner en práctica nuestra fe. Yo sé que esto parece extraño, pero cuando mis padres nos involucraron a mi hermano, Bill, y a mí en esta audaz acción de hablarle a la tormenta, eso de verdad hizo que mi fe subiera a una dimensión más alta. Yo *sabía* que ellos me amaban. *Sabía* que ellos deseaban que estuviéramos protegidos. *Sabía* que ellos creían más lo que la Biblia decía que lo que el temor estaba diciendo, y yo *sabía* que ellos habían fijado el rumbo de las cosas aquella noche para la familia, con el fin de producir protección.

Fue toda una escena cuando algunos amigos que

estaban pasando con nosotros la noche se nos unieron, porque mamá y papá nos habían pedido que saliéramos y les ayudáramos a orar. ¡Estábamos en pijamas afuera *orando contra una tormenta!* Tal como Jesús le habló a la tormenta: "¡Calla y enmudece!", nosotros le hablaríamos a una tormenta y veríamos en qué medida realmente teníamos la Palabra de Dios escondida en nuestro corazón. Por primera vez me di cuenta de que no había memorizado completamente el Salmo 91. Tuve que repetir las palabras después de mis padres. ¡Cómo se edificó nuestra fe cuando el tornado se levantó de vuelta al cielo y desapareció! Había cazatormentas del React Club local estacionados en nuestra carretera rural que le proporcionaban reportes minuto a minuto a la estación de radio local. El locutor de radio citó a estos hombres del tiempo, diciendo que habían presenciado un milagro cuando el tornado se disipó hacia las nubes. Uno de los momentos que jamás olvidará es cuando un tornado se dirija directamente hacia usted y su casa en la cima de un monte, y usted vea el poder de Dios protegerlo de un desastre.

Esta historia siempre le ha encantado a la gente. Al día siguiente, cuando mi maestro de la escuela nos dijo que le contáramos lo que hicimos durante las alarmas de tornado, él no esperaba para nada mi respuesta. Y sinceramente, yo deseaba arrastrarme debajo de mi escritorio en lugar de decirle lo que en realidad hicimos, pero no podía negar que había funcionado. Mientras que los demás se ocultaron en las bañeras con colchones apilados sobre ellos, o se encerraron en armarios durante horas en los dormitorios, mamá y papá

nos llevaron a lo único que era indiscutiblemente
seguro: ¡su Palabra!
                        —Angelia Ruth Schum

No hay ningún lugar en el mundo a donde pueda acudir
para estar a salvo de cualquier desastre natural. La destrucción
también puede llegar en forma de accidentes o acontecimientos
que ponen en peligro la vida. No estamos diciéndolo para in-
fundirle temor, sino para que se dé cuenta de que aunque no hay
ningún lugar seguro *en el mundo* donde esconderse, Dios dice
que usted puede correr a su abrigo y no temer la destrucción,
porque Él proporciona un lugar seguro en medio de todo ello.

Todo mal conocido por la humanidad caerá en uno de
cuatro grupos de Salmo 91:5-6: terror (*cosas malas hechas
por los demás*), dardos (*tentaciones, ataques y obstáculos*), pestilencia (*enfermedades mortales*) y destrucción (*desastres naturales o autoinfligidos*). Lo asombroso es que Dios nos ha
dicho que nos protegerá de todas esas cosas si ponemos en Él
nuestra confianza.

¿Hechos de quién?

La destrucción puede ser un mal por el que la gente pierde el
control, incluso en catástrofes tales como tormentas, inunda-
ciones, incendios y accidentes. El mundo puede llamarles a
estas cosas actos de Dios, pero Él no es quien está intentando
destruirlo a usted. Cuando Jesús le ordenó a la tormenta que
cesara en Marcos 4:39, esta se tranquilizó completamente,
mostrándonos así que Dios no es quien envía los desastres naturales; Jesús nunca habría ido contra su Padre al reprender
algo si Dios lo hubiese enviado.

Siembre habrá personas que no crean las promesas de Dios de protección, aunque usted les muestre las escrituras de la Biblia; pero eso no evita que las promesas sean verdaderas para quienes las creen (ver Romanos 3:3-4 y 2 Corintios 1:20). No permita que nadie lo disuada de este pacto; es mejor confiar en Dios que andar conforme a lo que las demás personas dicen.

Tornados humanos

La destrucción podría conllevar muchas cosas. Existen tornados naturales y personas que son como tornados. Su vida está inclinada hacia la destrucción, peligrosamente absorben y destruyen todo a su paso. Todos conocemos a esta clase de personas. A veces le dirán que haga lo correcto aunque ellos hagan lo incorrecto. A menudo estos tornados humanos son el alma de la fiesta y parecen ser muy populares, pero es fácil ver que dejan a muchas personas heridas a su paso.

Conviene salir de su camino de destrucción y orar por ellos a la distancia. Sin embargo, Dios puede protegerle incluso cuando se encuentre cerca de alguien que está inclinado hacia la destrucción, si usted clama a Él. Él tiene planes de bien para usted.

La destrucción

Examine Juan 10:10 y vea cómo progresa el mal. El trabajo del ladrón es robar, matar y destruir. La destrucción es el objetivo supremo del enemigo para nuestra vida. Pero Jesús tiene mejores planes; Él no solamente nos da vida, sino vida en abundancia. Y usted puede ver igualmente el progreso en su descripción de puesto. Él pudo haberse detenido en *vida*, pero añade la frase *en abundancia*. Esa es la vida en los términos más fuertes. No es solamente respirar, existir, tener una experiencia mundana y aburrida; la vida que Jesús ofrece es plena, satisfactoria, ricamente gratificante y abundante en todas formas.

CAPÍTULO 10 — DIARIO

Este capítulo examina la liberación de la destrucción, el mal que va más allá del terror, los dardos y la enfermedad. Sucede cuando la vida es completamente destruida. El Salmo 91:5-6 menciona varias categorías de mal, pero la destrucción produce la magnitud de un ataque de órdago. Piense acerca de cuán fácil o difícil le es creer que Dios lo protegerá del desastre si confía en Él.

_____

_____

_____

_____

_____

_____

_____

_____

_____

_____

AUNQUE CAIGAN MIL

Caerán a tu lado mil, y diez mil a tu diestra; mas a ti no llegará.

—SALMO 91:7

¿QUÉ ESTÁ SUCEDIENDO A MI ALREDEDOR?

Me despertó una llamada telefónica a las 2:00 a. m. Cuando mi papá estaba fuera de la ciudad para él era normal llamar muy tarde para charlar con mi mamá. Esta ocasión fue diferente. Yo escuché temor en la voz de mamá. De pronto, con temor, me levanté de la cama para asomarme por la puerta de mi habitación hacia la cocina donde mi mamá estaba parada con el teléfono. Nunca olvidaré la expresión de su rostro. Salté de la cama para preguntarle qué había sucedido, y ella finalmente dejó el teléfono y me dijo que mi papá estaba involucrado en un accidente automovilístico muy grave en el que fue golpeado por un conductor ebrio.

Al día siguiente, condujimos ocho horas para visitarlo en un importante hospital, donde encontramos que solo le habían dado uno por ciento de probabilidad de vida. Sin embargo, Dios tenía otros planes, y mi papá pronto fue llevado a rehabilitación para que pudiera intentar recuperarse. Y ahí estaba yo, tres años después del choque de mi papá, mi familia intentando ajustarse a una vida con solo uno de los padres en casa y el otro en las instalaciones de un centro de rehabilitación. Fue difícil para todos nosotros, y todo lo que pudimos hacer fue tratar de soportar y mantenernos funcionando unos a otros.

Tres años después del accidente, yo me encontraba estudiando el segundo año de la escuela media-superior. Había llegado a los dulces dieciséis y sentía que estaba en alguna clase de cumbre, ya que la vida estaba siendo buena conmigo. No tenía idea de los desafíos que estaban delante de mí, y nunca pude haber soñado la tragedia que estaba a punto de golpear mi vida de nuevo.

Era la reunión de exalumnos y todos estaban entusiasmados, preparándose para el partido y consiguiendo pareja para el baile. Yo tenía dos amigas, Brandy y Kristi, quienes conducían todos los días de un pueblo a cuarenta millas [un poco más de sesenta y cuatro kilómetros] para llegar a la escuela, a veces compartiendo vehículo y otras veces haciendo el viaje por separado. Ambas eran mis compañeras del equipo de básquetbol, y estábamos asistiendo a una escuela muy pequeña, de manera que todos éramos cercanos.

El jueves primero de febrero, Brandy estaba conduciendo hacia la escuela, cuando su vehículo se volcó y ella falleció. Brandy había estado compitiendo para convertirse en la reina de básquetbol de la reunión de exalumnos como una de las representantes de su generación de penúltimo año. Todos la conocíamos bien y la noticia nos golpeó increíblemente duro. Todos la estimaban. Ella siempre fue una chica dulce que se preocupaba por todos, y significaba mucho para nosotros. Todos repetían constantemente: "¿Por qué le sucedió a ella? Era una persona muy buena". El cuerpo de alumnos la eligió como reina de la reunión de exalumnos, y su hermana aceptó el título por ella. Eso era todo lo que podíamos hacer en realidad.

Más tarde, después de que la conmoción se calmara, Kristi me contó una historia. Ella me dijo: "Una semana antes de que Brandy falleciera, nos encontrábamos conduciendo por el cementerio, y Brandy comenzó a gritar y a decir: '¡Quítamelo de encima! ¡Quítamelo de encima!'. Nadie supo a qué se refería, y yo lo atribuí a que estaba asustándose por estar cerca del cementerio".

En esta pesada experiencia yo me volví amiga de Kristi. Mejores amigas, de hecho. Estábamos juntas en la clase de matemáticas cuando escuchamos que Brandy había fallecido de camino a la escuela aquel día. Me sentí tan triste por Kristi que me conmovió el corazón, de manera que todos nos apegamos y sobrevivimos juntos esos momentos difíciles. De hecho, toda la escuela se unió y nos apoyamos mutuamente.

Tres meses más tarde, el 30 de abril, Kristi vio que un par de amigas pasaron por la ventana de un salón y decidió abrir la ventana para poder decirles algo. Era una vieja ventana, difícil de abrir, de manera que colocó su mano derecha en la ventana superior para utilizarla como palanca. Su mano pasó por el cristal. Ella volteó y gritó, sangre brotaba de la cortada de su muñeca. Al actuar por instinto, yo corrí con ella y tomé su muñeca, colocando presión para controlar la hemorragia. El médico dijo más tarde que esa decisión le salvó la vida; el cristal había cortado tan profundamente que en realidad había roto una arteria. Ella tuvo una cirugía importante y finalmente pudo recuperarse completamente. La muerte de Brandy estaba aún tan fresca que pensar perder a Kristi me aterraba.

Y luego, justo una semana después, otro ataque llegó de la nada. Sam, mi novio, falleció en un accidente automovilístico. Sam, quien era el sueño de toda chica de dieciséis años, era mayor que yo, en realidad tenía veintiuno. Este hombre *podría haber sido modelo*, y cuando me pidió que saliéramos, todo mi ser dijo: ¡*Sí*! Habíamos estado saliendo un par de meses, y yo me encontraba fuera de la ciudad. Él chocó su vehículo de regreso de una fiesta. Estaba ebrio. Los paramédicos lo aerotransportaron a un hospital importante, pero no sobrevivió. Me sentí culpable, porque yo no bebía y no le permitía beber cuando estaba conmigo, de manera que no pude evitar pensar en que él no habría muerto si yo hubiese estado con él.

Mi corazón ya estaba muy triste de perderlo, y luego, solo para dar un mensaje, la estación local de policía pidió permiso para transportar su coche destrozado al campo abierto en frente de la escuela para que los chicos pudieran ver lo que sucede cuando la gente conduce ebria. Definitivamente el mensaje fue bastante claro. Todos los días tuve que mirar un horripilante recordatorio de mi pérdida. Todo eso fue más de lo que podía soportar, y pensaba constantemente: "¿Qué más podría salir mal?". Fue entonces cuando comencé a beber, sintiendo que tenía que tener algo para adormecer todo el dolor.

Y luego, el 30 de octubre de ese mismo año, mi abuelo falleció. Él había luchado con enfisema durante varios años, pero aun así fue inesperado y, para mí, demasiado pronto.

Yo no conocía las promesas de Dios de protección del Salmo 91 en ese tiempo de mi vida. Ahora, al mirar en retrospectiva, me siento increíblemente *descontenta* al reconocer que el espíritu de muerte le dio a Brandy una cruel advertencia el día que condujo por el cementerio. Todos ignorábamos tanto la Palabra de Dios que nadie supo que esa era una advertencia. Ni siquiera sabíamos quién era nuestro enemigo, y definitivamente no teníamos idea de cómo pelear contra él. Literalmente estamos viviendo en tiempos en que miles caen a nuestro lado, y desearía haber sabido acerca de la oración preventiva y de cómo pararme en las promesas de Dios, de manera que hubiese podido pelear contra ese ataque sobre mi amiga y resistido al enemigo a través del poder de la promesa de Dios de protección.

—STEPHANIE LYKINS

EL *TEMOR* NO PUEDE SALVARLO

Resulta obvio por qué la policía pensó que el vehículo chocado de Sam sería una efectiva ayuda visual para ayudar a evitar conducir bajo los efectos del alcohol. Fue demasiado tarde para Sam, pero quizá el triste recordatorio ayudaría a los demás. Es así como el mundo piensa sobre la prevención; la táctica del miedo es una forma bastante *cruda* de tratar de disuadir el comportamiento indeseable.

¿Los anuncios que dicen ENVÍE MENSAJES DE TEXTO MIENTRAS CONDUCE Y MUERA, y aquellos que muestran imágenes de choques automovilísticos realmente evitan accidentes? Quizá durante una semana, pero el temor no tiene mucho poder de permanencia. Simplemente es el tambor que todos tocan cuando no hay otro tambor que tocar.

EL TEMOR ACOSADOR

El Salmo 91:5-6 habla claramente contra el temor, contra el temor al terror nocturno, saetas que vuelen de día, pestilencia que ande en la oscuridad y la destrucción que en medio del día destruya. No obstante, el temor a menudo es el factor central alrededor del cual la gente desarrolla sus programas de prevención.

Pero considere esta verdad: no solamente el temor tiene poco poder de permanencia como medida preventiva, sino que la Biblia dice que el temor en realidad puede atraer el desastre a nosotros. Proverbios 10:24 advierte: "Lo que el impío teme, eso le vendrá". Job 3:25 lo hace todavía más personal: "Porque el temor que me espantaba me ha venido, y me ha acontecido lo que yo temía". Isaías 54:14 nos desafía: "Estarás lejos de opresión, porque no temerás, y de temor, porque no se acercará a ti".

El temor intentará *acosarlo*. Tal como un matón en el patio de la escuela, el enemigo es atraído hacia quienes temen su terror y destrucción. El temor ha sido llamado el gran imán, y es extraño, pero puede atraer eso mismo que tememos. El temor puede abrirle una puerta al desastre.

ACTUAR EN LO QUE DIOS DICE

El tiempo demostró que el temor no tuvo el poder de evitar el desastre en la situación de Stephanie. Aunque el mundo le dio sus mejores señales de advertencia, eso no causó que Stephanie *no* bebiera y *no* siguiera el mismo camino que ella se sintió caer en picada hacia el dolor y coraje. Fue demasiado. Y los demás que la rodeaban, quienes tenían un apariencia de control también cayeron en el mismo abismo para escapar del dolor. Fue la movida más audaz que la policía había hecho, pero esa táctica muchas veces recrea los mismos resultados.

Se ha dicho (de manera muy pesimista) que finalmente nos convertiremos en aquello que detestamos. Y es probable que usted haya escuchado historias de personas que odiaban a un padre alcohólico, no obstante siguieron un camino similar. La lógica no sustituye la herida y el dolor. La policía local esperaba que la cruda realidad de mostrar lo que puede suceder cuando se conduce después de beber ayudaría a los demás a enfrentarlo y tomar mejores decisiones. Una táctica de miedo como esta podría ser una solución temporal, pero a menudo en realidad ejerce el efecto contrario.

La verdadera prevención surge de lo que hacemos con la Palabra de Dios. La policía tuvo una idea audaz, pero una táctica como esa recrea los mismos resultados. Solamente la Palabra de Dios puede alcanzar de verdad un corazón lastimado. Cuando Stephanie le entregó su vida al Señor, la caída en espiral terminó.

El Salmo 91:7, el cual habla de miles que caen a ambos lados, probablemente sea el versículo más reconocible del capítulo. Al hablar de que miles caen en la destrucción, parece que está describiendo la escena de una batalla, pero estas palabras son bastante aplicables a los tiempos en que vivimos ahora. Usted puede enfrentar un momento en su vida en que todo lo sólido que conoce cae a su alrededor. De cara al fracaso personal, la muerte, el divorcio y los desastres, nada parece ser seguro y usted puede fácilmente encontrarse volviéndose un escéptico.

Dios le ha dado las promesas de Salmo 91 para protegerlo de todo tipo de mal con el que pueda encontrarse. Pero depende de usted creer en las promesas de Dios todavía más fuertemente de lo que cree en las cosas que puede percibir físicamente (ver Efesios 6:12). Usted no tiene que ser uno de los diez mil que caen, *si se mantiene firme en la Palabra de Dios.*

CAPÍTULO 11 — DIARIO

Este capítulo nos recuerda que hay cosas malas que están sucediendo a nuestro alrededor. El versículo 7 probablemente sea la promesa más reconocible del Salmo 91. Suena como la descripción de un campo de batalla. Considere cómo puede aplicar esta promesa a su vida en los días que estamos viviendo.

_____

_____

_____

_____

_____

_____

_____

_____

_____

_____

Capítulo 12

CREYENTES INCRÉDULOS

Ciertamente con tus ojos mirarás y verás la recompensa de los impíos [incrédulos].
—Salmo 91:8

Un experimento con la *vulnerabilidad*

Mi vida comenzó como la vida típica de una buena chica cristiana; estudié en casa hasta la escuela media-superior; tuve una familia cercana; padres que todo el tiempo nos enseñaban a mi hermano, mi hermana y a mí acerca de Dios y de la Biblia. Papi era mi héroe, mamá era mi amiga, mi hermano mayor era el chico genial y mi hermana pequeña era mi mejor amiga. Nosotros estábamos completamente involucrados en las actividades de la iglesia. Desde que pude armar una oración comencé a decirle a la gente que deseaba ser misionera. Supe a muy temprana edad que las misiones y el ministerio eran mi llamado en la vida.

La iglesia era mi parte absolutamente favorita de la semana. Siempre estaba involucrada en el coro, los ejercicios bíblicos, el grupo de teatro de la iglesia, el grupo AWANA, el liderazgo juvenil, viajes de misiones y el equipo juvenil de adoración e incluso tocaba las percusiones ocasionalmente en los servicios de la iglesia. Yo era popular y casi siempre era el líder de la manada. Era a quien todos admiraban y de quien deseaban ser amigos, y la chica con la que la mayoría de los padres deseaban que sus hijos anduvieran; era la *típica* niñita perfecta, inocente y dulce de la iglesia.

Idealmente, una niñez como la mía debió haber producido una misionera santa y moralmente estricta. Pero, desde luego, así no es como va la historia. Dos cambios importantes se dieron en mi vida de joven, los cuales comenzaron a multiplicarse en una serie de problemas.

Un familiar cercano comenzó a experimentar con drogas y diferentes religiones a temprana edad. Yo recuerdo la primera vez que se encerró durante horas en su habitación, y de pronto salió gritando que el diablo estaba en su habitación. Toda la familia corrió hacia su habitación y todos comenzamos a orar. Recuerdo sentir una presencia perturbadora. Yo tenía miedo, pero también sentía curiosidad.

Yo le pregunté a él qué estaba haciendo el día que pensó que el diablo estaba en su habitación. Él me dijo que se metió en problemas y estaba molesto con su mamá. De manera que lanzó una moneda. Decidió que si caía de cara, él la perdonaría. Pero si caía en cruz, él haría un pacto con el diablo. La moneda debió haber caído en cruz. Cualquiera que fuera el pacto que él hizo con el diablo aquel día lo llevaría por el camino de la rebeldía, la ira, el abuso de drogas, la brujería y las visitaciones demoníacas. Su comportamiento verdaderamente me asustaba, pero yo no sabía que hacer.

Sin saber mucho acerca de guerra espiritual, yo comencé a mirar películas de terror, pensando que si miraba suficientes, finalmente me insensibilizaría y ya no temería. Esta mentalidad comenzó el patrón destructivo de adormecer mi dolor y mis temores en lugar de enfrentarlos y lidiar con ellos. Esta no es la actitud de un vencedor, sino la de una persona impotente.

Yo me volví la salvadora de mi familiar. Cuando él se metía en problemas, de cualquier tipo, yo lo rescataba. Cuando estaba demasiado ebrio o drogado para conducir, yo lo recogía. Cuando parecía que nadie hablaba ni razonaba con él, yo era quien podía hacerlo. Yo era su defensora y su más grande cabildera. Aunque existan aspectos saludables a yo ser un familiar leal y protector, mi relación con él se convirtió en una ruina de codependencia. Yo terminaría habilitándolo y convirtiéndome en su muleta. Mi heroica actitud defensiva y protectora en realidad solo me estaba dando un falso sentido de propósito y valor. Esta relación codependiente, rescatista solamente sería la primera de muchas otras relaciones malsanas con hombres en mi futuro.

El segundo problema que me cambió la vida fueron los problemas maritales de mis padres. Ellos daban la impresión de tener un buen matrimonio, sin embargo, un día esa seguridad cambió abruptamente. Papá asumió su responsabilidad, pero el daño y dolor que causó permanecieron. Aunque eran cristianos y estaban comprometidos con el matrimonio, en su carne había otra batalla y no eso no quería decir que su reconciliación iba a ser fácil ni estaba garantizada. Hubo tremenda tensión entre ellos en las semanas subsiguientes que se convirtieron en meses y después en años. Recuerdo llorar bastante, pero solamente al principio. Una noche me encontraba recostada en la cama, llorando, y de pronto pensé: "¿Llorar puede hacer algo para salvar el matrimonio de mis padres? Nada". Decidí que llorar solamente era una debilidad y que una chica dura nunca lloraría ni permitiría que sus emociones la gobernaran. Luego de esa noche, me negué a permitirme llorar. Finalmente llegaría a un punto en que ya no podría reunir lágrimas. No conocía las emociones: el amor, la ira, el gozo, el dolor. Esta mentalidad solo alimentaba mi deseo de vivir *adormecida*.

Mis padres decidieron salvar su matrimonio y permanecer juntos. Yo decidí que con un matrimonio que reparar y un familiar que estaba fuera de control, mis padres no necesitaban nada más de qué preocuparse. Sin embargo, este pensamiento no evitaría que me volviera rebelde o que tomara decisiones tontas. Solamente evitaría que fuera sincera con mis padres y con quienes me rodeaban acerca de lo que en realidad estaba pensando, sintiendo y haciendo.

Decidí que controlaría *sola* todos los problemas de mi vida. Me volvería la Señorita Independiente: orgullosa, dura y fuerte. Y un día todos verían con asombro que yo tenía la capacidad para manejar muchas cosas en la vida de manera exitosa. Mis padres estarían orgullosos, porque yo había manejado las cosas *sola*. Pero esta idea solamente creó una niña de dos caras. Para mi familia y la iglesia, yo continuaba siendo la chica cristiana *perfecta* que nunca cometía errores. Y detrás de escena, yo era lo contrario. Para mantener mi estilo de vida de dos caras, debía convertirme en una persona complaciente con mis padres y mis amigos, de manera que ellos no vieran detrás del velo.

En la adolescencia comencé a salir con chicos con

los que nunca debí rodearme. Cuando rompíamos, yo rápidamente avanzaba a otra relación. Ese sería uno de los peores errores de mi vida. Una vez permanecí en una relación abusiva durante dos años. Luego tuve un novio abusivo tras otro para sentirme adormecida. Bebía para insensibilizarme. Y me cortaba para insensibilizarme. A pesar de todo esto, continuaba creyendo que podía cuidar de *mí*, de mi familiar y del matrimonio de mis padres *por mi cuenta*. Pensé que al mentir y no decirle a nadie con lo que estaba lidiando todos los días, nadie tendría que distraerse de sus problemas para ayudarme con los míos. Y cuando todo terminara, todos estarían impresionados de cómo yo había manejado todo por mi cuenta.

Permanecí en la primera relación abusiva por muchas de las mismas razones por las que tenía una relación malsana con mi familiar: deseaba ser la rescatadora de los hombres quebrantados y abusivos. Necesitaba alguna sensación de propósito en la vida, de manera que estaba determinada a ser quien pudiera cambiar a mi novio. Finalmente, el abuso no podía guardarse más en secreto, sin importar cuántas mentiras dijera. Pero cuando rompimos, yo continué con mi mentalidad de rescatadora codependiente con el siguiente muchacho…y el siguiente, y el siguiente. En lugar de ser la rescatadora de los hombres, los hombres se convirtieron en víctimas de mi egoísmo.

Ahora sí tenía un problema. Luego del abuso, yo tenía hambre de amor. De manera que ahora no solamente tenía una necesidad egoísta de encontrar propósito y valor en un hombre, sino necesitaba encontrar a alguien que me rescatara. Cada relación que venía a mi camino terminaba en otra desilusión, porque no solamente yo no podía rescatar a nadie, sino nadie podía rescatarme a mí. Solamente Dios puede rescatar de verdad.

DIOS ENTRA EN LA HISTORIA

En la universidad, dichosamente, Dios me llevó a un grupo universitario en que los alumnos me amaban lo suficiente como para ayudarme a trabajar en mis desastres y errores. A los veintiuno decidí comenzar un viaje de vuelta a Dios y a mi deseo de ser misionera. Este camino sería uno de los más largos y duros que haya tomado.

Este grupo universitario pagó para que fuera a Filipinas a un corto viaje misionero. Volé dieciocho horas ida y vuelta para una experiencia que pondría de cabeza mi mundo. Me liberé de la mentira de que debido a mi pasado no tenía derecho de ministrar o de ayudar a la gente. Regresé confiada de que Dios podía usarme justo donde estaba.

Pero la siguiente lección sería separarme de mi confianza en mí misma y poner mi confianza en Dios. Yo me encontraba de camino a la recuperación, dando zancadas en algunas áreas mientras luchaba en otras. A los veintidós, tenía una gran necesidad de un empleo. Me postulé para un empleo en una estación de radio cristiana donde mi mejor amiga era locutora. Pensé que sería divertido ser locutora en una estación de radio, especialmente en la que trabajaba mi mejor amiga. Yo siempre sobresalí en la música, el teatro, la retórica, debate y todo lo que requiriera pararse en frente de un montón de personas. Por lo que, desde luego, pensé que ser locutora de radio no sería gran cosa. Mi profesor de comunicaciones de la universidad dijo que yo tenía un talento natural.

Hasta ese momento yo había pasado por la vida involucrándome en cosas fáciles. Si yo era naturalmente buena en algo, entonces desde luego lo hacía. Si estaba apasionada por algo, entonces aprendería a trabajar más duro. Si no sabía cómo obtener lo que deseaba, entonces utilizaba mi atractivo físico o decía cosas para hacer que algo sucediera, o le delegaba el trabajo duro a alguien más. Si las cosas se complicaban, optaba por encontrar una manera fácil de salir o me insensibilizaba para pasar por ello robóticamente para no sentir el dolor.

Me dieron el empleo de anfitriona de radio para el programa de la tarde. Yo estaba emocionada de tener la oportunidad, pero algo sucedió cuando me coloqué detrás del micrófono. De pronto mi cabeza comenzó a girar y parecía que no podía encontrar las palabras para decir nada. Fui una terrible anfitriona, no pude hablar con una voz apropiada para radio ni estaba preparada para la responsabilidad espiritual. Yo era un desastre. De pronto me encontré encerrada en un mundo donde no importaba cuáles eran mis talentos. Mis talentos terrenales y el carisma repentinamente dejaron de ser suficientemente buenos.

Si yo tenía una debilidad o una inseguridad, definitivamente se haría evidente durante el programa. Me enfrenté con otro nivel de tratar de agradar a todos. Deseaba trabajar en la radio, porque era un ministerio; pero también deseaba asirme del mundo. Deseaba aparentar que estaba en el ministerio, como les decía a todos que quería, mientras vivía una vida mundana, en la que continuaba insensibilizada e intentando pelear por mi cuenta. Todas las mentiras del abuso que viví en el pasado y con las que nunca lidié comenzaron a salir a la superficie cada vez que estaba al aire. Escuchaba a mi exnovio decirme que era tonta, que no valía nada y otros insultos. Lidié con una extrema ansiedad después de mi primera relación abusiva, la cual asomaba su horrible cabeza cuando me sentaba detrás del micrófono. Me encontraba teniendo absolutos colapsos y ataques de pánico durante mi programa, los cuales no podía explicar. Y una vez más, comencé a sentirme indigna de hacer cualquier tipo de ministerio.

La radio cristiana no solamente era un empleo para pagar mis cuentas. Era un verdadero ministerio. Para tener un verdadero ministerio se necesita tener intimidad con Dios. Necesita trabajar duro para llenarse de modo que pueda derramar. Necesita andar por el camino y tomar su lugar en el Reino. No hay lugar ni tiempo para impostores en el ministerio ni en el Reino. Nadie durará como impostor en el ministerio. Este es un concepto que yo todavía no había comprendido.

Aunque estaba esforzándome —estaba buscando a Dios, estaba trabajando por la libertad de mi vida y deseaba estar en el ministerio—, no estaba preparada para el viaje y los sacrificios que tendría que hacer en el ministerio. A decir verdad, no estaba buscando a Dios *completamente*. Continuaba buscando la aprobación y el amor de los demás. Continuaba colocando una presión malsana en los chicos que me rodeaban, intentando encontrar un rescatador por mi cuenta.

Un fin de semana decidí ayudar a dirigir un

campamento juvenil junto con uno de mis mejores amigos, con quien había desarrollado otra relación codependiente. Yo sabía que necesitaba grabar de antemano mi programa de la tarde antes de poder salir el fin de semana. Pero me encontré inmersa en el "mundo masculino" y no solamente olvidé grabar de antemano, sino que olvidé decirle a todos que me iría al campamento. Recuerdo recibir una llamada en el campamento, preguntándome dónde estaba y por qué no había señal en el radio. Yo no tenía ninguna excusa. Sabía que había cometido un error una vez más, porque había elegido a los hombres por sobre todo lo demás que era importante. Milagrosamente me dieron gracia después de uno de los peores errores que un locutor puede cometer, y pude conservar mi empleo. Pero eso no duró mucho tiempo. Finalmente, mi carne egoísta, insegura y terrenal hizo que me despidieran de la radio cristiana.

Al poco tiempo obtuve un empleo en el restaurante Chick-fil-A. Después de trabajar ahí durante solo tres meses, me aumentaron el sueldo, lo cual llevó a otro aumento y a un ascenso rápidamente después de eso. Yo sobresalí en Chick-fil-A, comenzando desde abajo y rápidamente ascendiendo hasta ser una de las mejores empleadas. Alababan mi trabajo duro, dedicación, perfeccionismo, simpatía y amor hacia los demás. Fue un completo contraste con mi terrible trabajo en la estación de radio. *¿Por qué fue tan diferente en Chick-fil-A?*

La diferencia para mí fue que la radio era un ministerio y Chick-fil-A era un negocio. En la estación de radio tenía que tirar del cielo e involucrarme en guerra espiritual. Tenía que alimentar a los oyentes con la Palabra.

Me encargaron escoger sabiamente el contenido de mi programa y me dieron la libertad de grabar mi programa cuando lo necesitara. Incluso podía establecer mi propio horario. En Chick-fil-A, por el contrario, me dieron una descripción de trabajo, un horario establecido en el que tenía que trabajar todos los días, y tareas diarias que no cambiaban. Chick-fil-A no me exigía espiritualmente. Yo no tenía que hacer guerra espiritual si no deseaba hacerlo. Y no requería que creciera espiritualmente para llevar a cabo mi trabajo.

Darme cuenta de esta diferencia finalmente sacudiría mi mundo. Una vez más, Dios me dio un baldazo de realidad de dónde me encontraba y a dónde tenía el potencial de ir. ¿Debía conformarme con el mundo en el lugar donde sobresalía, prosperaba y era alabada? ¿O debía responder a ese llamado sobre mi vida para el ministerio, enfrentar mis temores e inseguridades, y tirar del cielo para hacer una diferencia en el Reino? Elegí el Reino. Decidí levantarme por sobre mis temores y dar otro paso hacia cumplir el llamado en el Reino de Dios.

Esta decisión requería que soltara el mundo y entrara en intimidad con Dios. Capas y capas de pecado, oscuridad, adicción, temor, ansiedad, automedicación y mentiras que creía comenzaron a caer, y yo comencé a identificarme cada vez más con quien Dios me había destinado a ser en su Reino. Finalmente me sumergí en lo profundo del océano de la libertad y la sanidad, y estaba lista para hacer cuanto fuera necesario para responder al llamado de Dios para mi vida.

Finalmente dejé Chick-fil-A y comencé a trabajar en administración. Estaba emocionada, porque este era un nuevo campo de misiones. Sentía como si fuera un ascenso en el Reino para mí. Había pasado de trabajar en el Chick-fil-A del centro comercial a ser la segunda al mando de todo el centro comercial. Mi campo de misiones creció de un restaurante a todo el edificio. Dios estaba extendiendo mi influencia y confiándome más. Comencé a ministrarles a los locatarios y a los clientes del centro comercial. Oraba por la gente y evangelizaba cuando tenía la oportunidad.

Mi mentalidad había cambiado de simplemente llevar a cabo el trabajo y hacer lo que se requería de mí a asegurarme de que estuviera ministrando. Finalmente estaba comenzando a comprender que nunca podría ser una "impostora" en el Reino de Dios, y que nunca podría ayudar a llevarles libertad a otros si yo no estaba trabajando para recibir libertad en mi propia vida. Comencé a obligarme a vencer la pereza de no desear pelear y de no desear sentir. Cuando no sentía ganas de orar por alguien o me daba vergüenza ministrar, me obligaba a hacerlo de todas formas, porque eso siempre me trajo una sensación bastante satisfactoria al final.

Recuerdo que una vez estaba trabajando en un proyecto importante en medio del centro comercial. Un hombre anciano se me acercó para hacerme una pregunta. Lo primero que pensé fue que en realidad no tenía tiempo de hablar con ese hombre. Pero de todas formas hice una pausa. Él era un hombre gruñón, y sentí que Dios me estaba pidiendo que le ministrara. A pesar de tener un proyecto que parecía urgente, decidí hacer lo que sentí que Dios me estaba pidiendo. De manera que le pregunté al hombre si había algo por lo que pudiera orar. Al principio pareció impactado por mi pregunta, pero luego comenzó a compartir acerca de sus problemas de salud y a decirme que no estaba seguro que Dios lo amara, debido a la vida que había tenido.

Yo comencé a ministrarle, compartiéndole por qué Dios decide amarnos. La esposa del hombre de pronto salió de la nada y también estaba enojada. Parecía que no deseaba hablar de Dios o que no le importaba si su esposo estuviera interesado en recibir oración. Aunque ella intentó continuamente halarlo del brazo para marcharse, él continuó interesado en la conversación que estábamos teniendo. Ambos aceptaron recibir oración y el hombre decidió aceptar a Cristo. De manera que hice con él la oración de salvación, y mientras estábamos orando juntos, ¡yo pude escuchar a su esposa haciendo la misma oración con nosotros! ¡El diablo intentó utilizar a su esposa como una distracción, pero Dios terminó tocando su corazón igualmente! Con el aumento de testimonios como este, ¿cómo podía ser que no deseara tener una mayor intimidad con Dios?

Dios ha sido muy dulce con su amor y su gracia en mi vida. Aun durante mis tiempos oscuros y mi difícil viaje para conectarme con quien Él destinó que yo fuera, Dios nunca dejó de bendecirme con oportunidades para orar y ministrar a la gente. Dios nunca me sacó del juego ni me hizo sentar en la línea de banda hasta que me comportara. Dios siempre decidió creer en mí. Mi sueño de trabajar para una organización de misiones ha sido mi siguiente paso, y ahora tengo la asignación de trabajar con quienes están involucrados en el comercio sexual en otras naciones.

A partir de estos sucesos he encontrado amor y libertad en niveles que no sabía que existieran. Ya no tengo una mentalidad de víctima ni confío en relaciones codependientes. Ya no vivo en temor ni ansiedad. Estoy llena de amor. He acogido la vida de ser soltera y a sentir contentamiento con quien soy en Cristo, y ya no siento la necesidad desesperada de que un hombre me llene. Ya no necesito agradar a los demás ni vivir para ellos. Sé quién soy en el Reino. He tomado mi lugar. He encontrado que Dios es el rescatador que estaba buscando.

—Liza Meynig

Liza es una de esas joyas raras que han decidido separarse de la vida de la apariencia. En lugar de sumergirse más profundamente en el engaño y en la mentira, incluso hacia sí misma, Liza decidió ser genuina con el Señor. Esta vulnerabilidad la llevó a una creciente cadena de buenos acontecimientos en su vida.

Salmo 91:8, que habla acerca de la "recompensa de los impíos", suena negativo, pero en realidad es algo bueno. Nadie desea de verdad vivir en un mundo de pecado sin paga (castigo). Y la mayoría de nosotros podemos declarar que no existe tal cosa como el pecado sin dolor. Hay una recompensa (consecuencias).

Usted verá que en ocasiones la recompensa (el pago) es dada. Hay juicio. Hay justicia. Todo pecado será expuesto tarde o temprano, y se pagará por él. Un dictador maligno cae; un agresor despiadado es detenido; un tirano enfrenta sus delitos contra la humanidad; un mal es rectificado. La "recompensa de los impíos" habla de justicia. La justicia de

Dios significa que el mal no triunfará, que los Hitler no ganan, que los gobiernos comunistas caen, que la oscuridad no extingue la luz.

Este versículo dice "ciertamente mirarás y verás" que sucede. Las palabras "ciertamente mirarás" indican que veremos el mal mas no lo experimentaremos; el mal que veremos no entrará en nosotros. Nosotros estamos apartados en cuanto a que no permitimos que el odio de nuestro enemigo nos cambie. Este versículo señala el hecho de que el mal del mundo no prevalecerá.

Resulta fácil enfocarnos en cuán malo se ha vuelto el mundo. El mal corre descontrolado adondequiera que miremos. Hay impostores en el mundo e incluso impostores en la iglesia. A nadie le agrada un hipócrita; Dios dice claramente que a Él no le agradan. Y la recompensa existe (las personas obtienen lo que merecen). En su tiempo, los criminales caerán, e incluso nos sentiremos contentos por su caída; al menos nos diremos que veíamos venir su final.

Nosotros juzgamos con rapidez quién es el incrédulo [impío]: un mentiroso, un tramposo. Pero quizá exista algo como un creyente *incrédulo*: el impostor, el farsante. Un autor acuñó la frase "el ateo práctico [cristiano]", es decir, si no somos cristianos en el fondo, solamente llevamos el título como un adjetivo, mientras vivimos diariamente sin Dios.[1] Cuando estamos viviendo en cualquier nivel de hipocresía, en cierto grado estamos colocándonos en la categoría de "los impíos".

Esta clase de lenguaje suena negativo cuando pensamos en que *nuestra* hipocresía sea expuesta. Pero en realidad es lo más liberador que puede suceder.

Muchas personas piensan en el evangelio como una póliza de seguro que solamente asegura su eternidad, y tienen vidas de derrota e impotencia. Se están privando de tanto. Muchos preguntan solamente por el seguro contra incendios. Ellos desean saber cuán cerca del peligro pueden vivir. Tal como Liza, muchos de nosotros tenemos problemas o asuntos, pero en lugar de colocar nuestra confianza en Dios, la colocamos en nosotros mismos y nos enorgullecemos de cuán fuertes nos está volviendo una situación. Muchas veces no nos está haciendo fuertes; nos está endureciendo y adormeciendo.

La vida con Dios es más que simplemente escapar del juicio o del infierno; su Palabra es un instructivo para tener una vida llena de poder en este mundo. Dios nos ofrece respuestas reales para el lugar donde nos encontramos. Si nos encontramos en la vía rápida, con una vida superficial sin vulnerabilidad, colocándonos la etiqueta cristiana, todavía hay esperanza. Solamente podemos experimentar esperanza y gozo cuando dejamos que lo más profundo de Dios clame a lo más profundo de nosotros y dejemos de tener una vida de apariencia.

CAPÍTULO 12 — DIARIO

Este capítulo habla acerca de vivir auténticamente para Cristo. ¿Existe un área en su vida en que esté colocando su confianza en sí mismo en lugar de en Dios?

_____

_____

_____

_____

_____

_____

_____

_____

_____

_____

_____

_____

_____

NINGUNA PLAGA SE ACERCA A MI FAMILIA

No te sobrevendrá mal, ni plaga tocará tu morada.

—Salmo 91:10

Los sueños y la prevención

KIM HULL (EN EL CENTRO) CON SU FAMILIA

Me asombró cuando Angie se me acercó para preguntarme si yo era Kim Hull. ¡Y lo siguiente que dijo me asombró todavía más! Ella tuvo un sueño y deseaba compartirlo conmigo. Lo que nos pareció extraño a ambas fue que en el sueño ella supo mi nombre y en la vida real ella sabía de mí, pero no nos habíamos conocido. De hecho, ella en realidad se había acercado primero a otra mujer, preguntándole si era Kim Hull. Ella salió de la situación al orar por la mujer y su familia. La mujer había tenido un sueño atormentador acerca de su familia y se alegró de haber confundido la identidad. Pero ahora me había encontrado a mí, Kim Hull, la persona que estaba buscando.

En su sueño, mi familia se encontraba en un terrible

choque automovilístico con algunas muertes. ¡Si Angie al principio no captó mi atención, ahora la tenía! Yo me preguntaba qué hacer, cuando ella me preguntó si podíamos orar en acuerdo acerca de este sueño y de su significado. Tomamos autoridad sobre el espíritu de muerte y daño que ella había visto en el sueño, orando que dejara a mi familia, y declarando Salmo 91. Además oramos otras escrituras que nos vinieron a la mente, hasta que ambas sentimos liberación en nuestro espíritu y paz en nuestra mente de que el peligro se había ido y mi familia estuviera segura en las manos de Dios. Le agradecí, yo estaba tan agradecida de lo que ella había hecho, y, en paz, continué con mi ajetreada vida.

Al otoño siguiente, el domingo por la noche antes de que comenzaran las clases escolares, en mi coche estaban mis trillizos adolescentes y sus amigos que habían salido de una celebración de regreso a clases en la iglesia. Yo acababa de llevar a la hija de una amiga a su casa después de nuestro servicio vespertino de la iglesia. Llegué a un semáforo cerca de su casa y me detuve, y luego la luz cambió a verde y continué por la intersección de camino a dejar a otro adolescente. De la nada, un conductor ebrio que iba conduciendo a sesenta y cinco millas por hora [unos cien kilómetros por hora] por la calle principal de nuestra pequeña ciudad golpeó el lado del copiloto de mi coche. Todo sucedió rápidamente, pero nos sostuvimos mientras girábamos completamente en dos llantas en medio de la intersección, antes de que nuestro coche se detuviera y comenzara a echar humo. Rápidamente les ordené a los cuatro chicos que salieran del coche y se dirigieran al césped del otro lado del camino. Mi coche estaba demolido, pero salimos caminando de un choque que pudo haber sido devastador. Uno de los jóvenes, el hijo de una amiga, se golpeó levemente el codo y más tarde descubrió que tenía una pequeña fractura que tenía que ser enyesada, pero esa fue la única lesión.

Yo creo con todo mi corazón que si Angie no hubiese compartido conmigo su sueño y orado por los miembros de mi familia, el resultado de ese choque habría sido completamente diferente. Nuestro coche había sido desbaratado y empujado sobre dos ruedas. Nos habían golpeado tan duro que nuestro coche llegó a otra calle, y el lado del pasajero, donde mi hijo y su amigo estaban sentados, se aplastó por completo y se hundió, ¡no obstante salimos de ahí vivos! Al día siguiente cuando fuimos a ver el coche al lote de desguace, nos asombramos de que todos pudimos sobrevivir luego de que el lado derecho quedara demolido, en realidad estábamos presenciando un milagro mientras veíamos el daño.

Después de ver el coche, recordé la oración que Angie había hecho, y supe que tenía que decirle lo que había sucedido. Rápidamente conduje hacia su oficina y llamé a la puerta de cristal para llamar su atención. A mitad de una reunión, ella salió a ver de qué se trataba la conmoción, y yo le ofrecí llevarla a ver el coche y a escuchar el reporte. Los hombres del lote de desguace (depósito de chatarra) habían preguntado cuántos habían fallecido en el choque. Ambas supimos que Dios había respondido nuestra oración cuando tomamos autoridad sobre el sueño de advertencia de Angie y que las promesas de protección de Dios *sobre mi morada* habían completado el círculo desde que oramos.

¿Qué sucede cuando tenemos un sueño atormentador? Yo nunca había pensado en *hacer algo al respecto* como una medida de prevención. Si tenía un mal sueño o un pensamiento repentino o pasajero de alguien, nunca me había parecido más que una coincidencia; pero ahora sé que puede ser una advertencia que nos recuerda que oremos. Tener las promesas de Salmo 91 es una grande bendición, y podemos orarlas a la primera señal de que algo pueda estar acercándose a nosotros.

—KIM HULL

DIOS DESEA PROTEGER A QUIENES NOS RODEAN

Qué dimensión tan maravillosa para esta promesa de Salmo 91 de que "no te sobrevendrá mal" (v. 10): que podamos creer en Dios y recibir protección para nuestra familia. ¡En el caso de Kim, su morada era su coche! Piense en cómo debió haberse sentido Rahab en Josué capítulo 2, cuando Dios le permitió llevar a su casa a su parentela, donde estuvieron protegidos del peligro. De manera similar, Dios nos ha hecho promesas que nos proporcionan seguridad para nuestra familia, si confiamos en Él.

Proverbios 3:29 nos dice: "No intentes mal contra tu prójimo que habita confiado junto a ti". Así que incluya a los demás en esta "morada", incluso a sus vecinos. Suelte las diferencias y ore por sus hermanos, por otros familiares y por amigos. Observe a las personas con las que convive, como ¡de los deportes, el trabajo, a organizaciones y grupos de estudio bíblico y equipos de alabanza! Piense en el hecho de que posiblemente no tengan a nadie más en su vida que ore por ellos. Sus parientes necesitan sus oraciones. Ore por quienes están sobre usted, ya que usted se encuentra bajo autoridad. Ellos necesitan oración. Además son parte de su "morada" o de su tienda.

De la *preocupación* a la *paz*

En ocasiones resulta difícil no preocuparse por su familia. Deje de preocuparse y comience a orar. ¿Alguna vez se ha sentido intranquilo de pensar que alguien cerca de usted está muriendo? Ese es un sentimiento horrible. Ore hasta que tenga paz acerca de la seguridad de una persona. Salmo 91:10 lleva el concepto de protección de una sola persona y extiende la morada, por decirlo de alguna manera. Dios nos dice: "No te sobrevendrá mal". Es una buena promesa que declarar.

El amor de un hermano

Una historia que reconforta mi corazón cada vez que pienso en ella es la historia de los hermanos Vélez que fueron enviados a diferentes casas a temprana edad en adopción temporal. El padre había sido enviado a prisión por abusar de los chicos, y su madre había muerto cuando los chicos eran pequeños. Nadie deseaba quedarse con todos los chicos, de forma que los separaron y los enviaron en cuatro direcciones diferentes.

Gilbert, el segundo hijo, mientras crecía, soñaba con

un día reunirse con sus hermanos. Eso, desde luego, fue una imposibilidad, ¿en dónde estaban? ¿Con quién vivían? De seguro ahora les habían cambiado el nombre.

La historia de los Vélez se intersectó con la nuestra durante una parada en Brownwood. Dos chicos se encontraron a Gilbert Vélez, quien ahora tenía veinte años y vivía solo. Ellos lo dirigieron en la oración de salvación y le invitaron a acudir a uno de sus estudios bíblicos universitarios. En la siguiente reunión, Gilbert fue el primero en llegar, y se mezcló en el grupo como si siempre hubiera estado ahí.

Gilbert les dijo a todos acerca de sus hermanos que estaban separados y que creía que todos estarían juntos otra vez. Gilbert comenzó a devorar la Biblia y encontró la historia de Ana en 1 Samuel capítulo 1. Cuando leyó que Ana le prometió a Dios que si Él le daba un hijo, ella se lo entregaría de vuelta, Gilbert la tomó como una palabra de Dios. Él le dijo al Señor que si le regresaba a sus hermanos, él se los daría de vuelta.

Una amiga de su madre fallecida le escribió a un trabajador social que conocía en Dallas. Mediante una serie de cartas, Gilbert descubrió que uno de sus hermanos, Jesse, había estado en prisión, y luego de su liberación, había estado sin hogar en las calles de Dallas durante tres meses. Aunque Gilbert se había distanciado de Jesse seis años, Dios sobrenaturalmente abrió camino para que Gilbert hallara a Jesse, y lo llevó a entregarle su vida a Jesús. Otra serie de difíciles acontecimientos abrieron la puerta para que el siguiente hermano, Joseph, fuera hallado en Dallas y reunido con Gilbert y Jesse. Dios estaba a toda velocidad. Solamente dos meses después de eso, ellos encontraron a su último hermano, Samuel, en Fort Worth. Cuando se hicieron los arreglos y era tiempo de recoger a Samuel, el coche de Gilbert se descompuso. Sin embargo, como solo Dios puede hacerlo, un vecino les prestó a los hermanos su Cadillac Escalade para que pudieran emprender el viaje con estilo.

Gilbert ha jugado el papel de mamá y papá, y fiel a la promesa que le hizo a Dios, él llevó a cada uno de sus hermanos al Señor. Todos tienen empleo y algunos han tomado cursos universitarios. Asisten a viajes de misiones con el grupo universitario, y oran con pasión cuando alguien tiene una necesidad. La noche que vi a los cuatro hermanos juntos por primera vez, todos llevaban puestos trajes de tres piezas, lucían como los hijos del Rey que son.

En uno de los paseos de la universidad, los cuatro chicos se encontraban en la misma camioneta con destino a Miami para evangelizar a los cubanos de la zona. Fue en ese viaje que Jesse se separó del grupo. Sus teléfonos quedaron muertos y los hermanos estaban a punto de aterrorizarse. ¿Cómo podrían encontrarse entre miles de personas? Pero comenzaron a orar y a declarar la promesa de Dios acerca de las ovejas perdidas. Dios respondió sus oraciones y una vez más los volvió a unir en una reunión llena de lágrimas. Cuando fue su turno de predicar en una de las reuniones universitarias, Jesse utilizó la historia del hijo pródigo de Lucas 15 como texto, y habló acerca de cuán fiel fue

Dios para hallarlo a él, un hijo pródigo, en un mundo perdido y moribundo, y llevarlo a casa.

Gilbert ha mantenido su promesa. Dios le dio a sus hermanos, y él se los entregó de vuelta a Dios. Qué reconfortante es verlos juntos amando y sirviendo a Dios.

—Peggy Joyce Ruth y Gilbert Vélez

La belleza del Salmo 91 yace en que cuando oramos por más que nosotros mismos llevamos a toda nuestra familia debajo de la Palabra de Dios. Ejercitamos cierta cantidad de autoridad por aquellos que están bajo nuestro techo, a medida que aplicamos la riqueza de su pacto a toda nuestra casa.

CAPÍTULO 13 — DIARIO

Este capítulo explora la provisión de Dios para la seguridad de nuestra familia. Su protección se extiende no solamente a nosotros, sino también a quienes viven con nosotros. ¿Por qué personas ora regularmente? Dedique tiempo para orar y pregúntele a Dios si alguien más debería ser añadido a su lista.

_____

_____

_____

_____

_____

_____

_____

_____

_____

_____

_____

LOS ÁNGELES ME GUARDAN

Pues a sus ángeles mandará acerca de ti, que te guarden en todos tus caminos. En las manos te llevarán, para que tu pie no tropiece en piedra.

—SALMO 91:11-12

ES RECONFORTANTE SABER que Dios se involucra en los diminutos detalles de nuestra vida, aun cuando nos toman por sorpresa o "en un momento de descuido". Lo último describiría a Justin McFarland y al equipo de estudiantes universitarios que él estaba dirigiendo, mientras se sumergían en las prístinas aguas de la cascada en lo profundo de la jungla.

¿A DÓNDE SE HA IDO EL ENEMIGO?

Después de haber ministrado en una pequeña aldea al pie de la montaña de Chiapas durante un par de días, el equipo decidió hacer la caminata a través de los arbustos hacia las fabulosas cascadas que los lugareños habían reco-

JUSTIN Y HEATHER MCFARLAND

mendado antes de regresar a la base. Les dijeron que las cascadas estaban a una hora aproximadamente y que los niños los conducirían. Tres horas más tarde, el equipo se tranquilizó al encontrar que ya estaban acercándose a su destino.

Al escuchar las cascadas mucho antes de que llegaran, los estudiantes sintieron que su entusiasmo incrementaba a medida que se acercaban. Cuando se abrieron paso por el follaje hacia la orilla del río, el grupo explotó en expresiones de admiración. En un instante se deshicieron de los zapatos y los calcetines, y los cuerpos se zambulleron en una otrora tranquilo poza de agua de jungla. Los estudiantes subieron por las cascadas un nivel a la vez, hasta que pudieron ver el nivel superior. En la base del nivel superior se encontraba una poza gigante y profunda de agua fresca de casi quinientos pies [ciento cincuenta metros] de ancho.

El caluroso y húmedo aire de la jungla condujo a los estudiantes hacia la profunda poza, y chapotearon hacia el galardón de la hermosa cascada superior. Después de regodearse en su logro, se zambulleron desde las rocas y disfrutaron de un buen refresco en las pozas durante varias horas. Con la curiosidad propia de los jóvenes, investigaron toda la zona, provocando una gran conmoción con sus bufonadas juveniles. Algunos de los estudiantes estaban confundidos acerca de que los locales no los hubieran acompañado a nadar en la profunda poza de la cumbre de la cascada. Justin y el resto de los estudiantes, sin embargo, se habían animado tanto al pensar en llegar a la cumbre que ni siquiera habían notado que sus acompañantes no habían participado en el chapuzón. Los niños nativos aplaudían esporádicamente por sobre sus cabezas, como si estuvieran muy tensos y parecían tenerle miedo al agua. El equipo pensó: "Pobres niños, ¡el próximo año les enseñaremos a nadar!".

No fue sino hasta el siguiente viaje que Justin visitó la aldea, que preguntó por qué los niños no habían nadado. Le dijeron que enormes cocodrilos migratorios guardaban las pozas más grandes de agua. A los locales les habían impresionado que el equipo fuera lo suficientemente audaz como para haberse arriesgado a nadar en la poza grande y en sus profundas aguas. Los estudiantes, desde luego, se horrorizaron y deseaban saber por qué no les habían advertido de los cocodrilos, ya que después de todo, los locales le habían hablado al equipo de las pozas y los niños los habían llevado allá. Como el equipo se había dirigido al agua sin preguntar, o los locales supusieron que los nadadores sabían lo que hacían y los niños estaban sumamente encantados del posible peligro, o los niños estaban intentando advertirles. Sin embargo, como algunas cosas se pierden en la traducción, Justin y su equipo nunca sabrán con certeza qué pasó de este lado del cielo. Tras la conmoción inicial de descubrir que podían haber sido devorados por cocodrilos, el equipo se dio cuenta de cuán fiel es Dios y cuán confiable es su promesa de pacto para quienes creen. Los aldeanos estaban petrificados con la culebra o la "víbora de la jungla", una feroz culebra que también frecuentaba la poza. ¿Quién sabe qué peligros acechaban debajo de las aguas de aquellas remotas cascadas de la selva? Los residentes definitivamente sabían lo suficiente como para no nadar ahí.

—Basado en una entrevista
con Justin McFarland

Nos alegra saber que la protección de Dios nos sigue no solamente hacia lo conocido, sino también hacia lo desconocido. Tal como el entusiasmo ignorante de nuestro grupo de estudiantes en la selva, nosotros a veces nos sumergimos en el momento y ni siquiera nos detenemos a orar por protección. Aunque el viaje estaba cubierto por oración, supimos que los ángeles de Dios habían hecho algo especial cuando descubrimos que todos los residentes estaban petrificados por los cocodrilos que estaban bajo el agua. Dichosamente, Dios es fiel y misericordioso para honrar su pacto de protección del Salmo 91 aunque sobrepasemos un poco nuestros límites.

Qué importante es saber por sobre toda duda que las promesas de Dios de protección son completamente verdaderas y confiables, y que nos pueden librar sin importar qué estemos enfrentando.

DIOS HIZO A LOS ÁNGELES PARA PROTEGERLO

Hasta ahora solo habíamos mirado promesas, ahora estamos mirando algo que Dios ha provisto para nuestra protección que es un agente con asignación especial. Dios ha proporcionado guardaespaldas especiales para protegernos del peligro. Para los que no están seguros que esa protección para nosotros está cercana al corazón de Dios necesitamos pensar en los ángeles que Él creó. El concepto de protección no fue una simple ocurrencia tardía, sino que Dios le asignó la responsabilidad de nuestra protección a alguien. Él creó un servicio invisible de seguridad, enfatizando así su deseo de protegernos y *evitar que nuestro pie tropiece en piedra*. Qué compromiso con nuestra protección ha hecho Dios al asignar a sus ángeles a cada uno de nosotros.

Que pensamiento tan increíble que no solo Dios nos dio sus promesas de protección sino que también creó estos seres únicos para que llevaran a cabo esa protección. Si se preguntaba si Dios desea que viva y le sirva, esta creación muestra su disponibilidad para ayudarnos a través los guardaespaldas invisibles del cielo. Ya sea que sepamos o no de ellos desempeñan la Palabra de Dios. Él nos da un refuerzo doble de su protección: su Palabra y sus ángeles asignados para cuidarnos.

> Bendecid a Jehová, vosotros sus ángeles, poderosos en fortaleza, que ejecutáis su palabra, obedeciendo a la voz de su precepto.
>
> —SALMO 103:20

De todo lo que el Salmo 91 nos puede decir sobre lo que el ángel hace, nos revela que parte de su trabajo es evitar que tropecemos. Salmo 91:12 utiliza verbos fuertes —"te guarden", "te llevarán"— para describir algo que parece relativamente simple evitar que tropecemos. Pero su papel es más poderoso que eso; los ángeles nos dan una vía de escape, a veces levantándonos completamente del camino hacia una caída.

La Biblia habla acerca de los ángeles de Dios a lo largo del Antiguo y el Nuevo Testamento. Son seres poderosos tan fuertes que un solo ángel puede vencer a más de mil hombres. Ellos están listos en todo momento para llevar a cabo la voluntad de Dios y cuidar al pueblo de Dios.

¿No son todos espíritus ministradores, enviados para servicio a favor de los que serán herederos de la salvación?

—HEBREOS 1:14

A veces sabemos de manera instantánea exactamente de qué Dios nos ha librado. En otras ocasiones descubrimos más tarde de lo que hemos sido rescatados, tal como el equipo de estudiantes universitarios cuando descubrieron que habían nadado en una poza infestada de cocodrilos en la selva. E incluso seguramente ha habido otros rescates milagrosos de los que no sabremos hasta que lleguemos al cielo.

CAPÍTULO 14 — DIARIO

Este capítulo examinó de cerca a los guardaespaldas celestiales que se nos han proporcionado. ¿Qué le parece saber que Dios ha asignado ángeles para cuidar de usted?

_____

_____

_____

_____

_____

_____

_____

_____

_____

_____

_____

_____

AUTORIDAD SOBRE EL ENEMIGO

Sobre el león y el áspid pisarás; hollarás al cachorro del león y al dragón.

—SALMO 91:13

NUNCA ES DEMASIADO TARDE PARA RESISTIR AL ENEMIGO

No me iba tan mal como una joven cristiana e hija de un predicador. Había comenzado un estudio bíblico en mi escuela durante mis años de escuela media, e incluso comencé estudios bíblicos en las instalaciones de la escuela media-superior durante mi primer año.

Un día, mientras me encontraba colocando carteles en el campus de la escuela media-superior que decían: "Te veo en el asta", escuché a un jugador de fútbol que estaba invitando a la gente a una gran fiesta que había planeado.

"Oye, ¿cómo te va?", le pregunté cuando nos vimos, simplemente intentando ser amigable, esperando que viniera.

Él respondió diciendo: "Te invitaría a esta fiesta que vamos a tener pero eres hija de un predicador. De todas formas no vendrías. ¡Eres demasiado buena para eso!".

Cuando dijo "hija de un predicador", algo dentro de mí gritó en silencio: "¡Te mostraré lo que es una hija de pastor!". Me lastimó que no me invitara. Me imagino que deseaba aceptación. Algo dentro de mí dijo: "¡Te voy a mostrar!". ¡Y cómo se los mostré!

A partir de ese pequeño comentario que hizo, yo lo tomé como un desafío personal y comencé a seguir a la multitud equivocada. Para el final de mi primer año, yo me encontraba completamente mezclada con ellos. Durante mi segundo año permanecí lejos del Señor mientras continuaba llevando una vida libertina.

Una noche durante ese año me encontraba dando una vuelta con un amigo en su coche. Él había consumido una cantidad considerable de drogas y había estado bebiendo previamente aquella noche, y estaba actuando como loco. Algo que dije lo exasperó de verdad. Decidió que nos mataría a ambos. En un ataque de rabia, pisó a fondo el acelerador. A toda velocidad, el pequeño coche se salió del camino, pasó rápidamente por un campo y se dirigió directamente hacia un árbol.

Yo intenté hablar con él, hacer que desacelerara, pero él no me escuchó y subió todo el volumen de la música de la radio. Yo me encontraba petrificada. Temía que de verdad iba a morir, y sabía que en ese momento no estaba viviendo para el Señor.

Yo clamé a Dios desesperadamente, diciendo: "Sé que ahora no estoy viviendo para ti, Señor, *pero tendrás que hacer que esto se detenga*". Oré desesperadamente: "Detente, en el nombre de Jesús".

La música estaba tan fuerte que no hubo manera de que mi amigo escuchara lo que yo estaba diciendo. Yo estaba de cara a la ventanilla de mi lado y clamando a Dios. Pero en el instante que terminé esa oración, quitó su pie del acelerador, presionó el freno y se desvió del árbol. Dios me libró milagrosamente de la trampa del enemigo. Cuando le pregunté qué le hizo detenerse, murmuró confundido: "No lo sé". Él mismo estaba estupefacto.

Durante el tiempo que estuve alejada de Dios tuve algunos otros avisos que casi se llevaron mi vida, pero aun así no había roto con el mundo. Me habían enseñado acerca de la autoridad que Dios le da a un creyente y oraba en el último momento, tomando el gran riesgo de estármela jugando demasiado cerca.

Para el final de mi segundo año, me sentía tan triste que ya me había cansado de estar con las personas equivocadas, todo lo que deseaba era comenzar a vivir para el Señor otra vez. Me tomó casi todo el tercer año cortar por completo con las relaciones equivocadas y una vez más ser constante en mi vida con el Señor. Pero para cuando comencé el último año, finalmente había remodelado mi testimonio cristiano y ya no era susceptible a las trampas del enemigo. Es difícil creer que dejé que un momento tonto me sacara del camino. ¡La universidad ha sido una muy buena experiencia para mí, porque pasé por mi vida rebelde sin morir, y he comenzado a vivir las aventuras salvajes que Dios ha planeado para mi vida!

—KAYLA BARNETT BILL

A veces los creyentes, en especial los adolescentes, batallan con hacer lo correcto y en cambio ceden a los ataques del enemigo. Casi todos los adolescentes luchan con ser aceptados por sus pares. Esto es lo que le sucedió a Kayla, una alumna de primer año de escuela media-superior que además era hija de pastor y había estado viviendo activamente para Jesús. A Kayla le habían enseñado sobre su autoridad y la sabía, pero la cedió y dejó de *pisotear* al enemigo y cayó. Aunque Kayla cayera en la trampa de la aceptación y la presión de grupo, Dios le fue fiel y cuando ella más necesitó su liberación, Él la salvó de una posible muerte en el instante en que ella clamó a Él.

Siempre recuerde que su liberación de las tentaciones y trampas a las que Satanás desea halarlo está a un clamor de distancia. A Kayla casi le costó la vida antes de que se apoderara de nuevo de su autoridad. Afirme en voz alta y valiente: "El Señor es mi refugio y mi fortaleza. Yo confío en ti, Señor. Sé que tú me salvarás de todas las trampas que Satanás ha puesto para atraparme cuando invoque tu nombre".

Pisarás y hollarás

El versículo 13 de Salmo 91 promete que, debido a la protección de Dios, usted no solamente pisará con sigilo sobre las trampas que Satanás le envíe a su camino; usted las pisará y las hollará hasta la ruina. Esto no solamente significa que usted se levantará por sobre los problemas diarios que pueden hacernos tropezar normalmente; significa que usted podrá correr por encima de las situaciones que amenazan la vida.

> He aquí os doy potestad de *hollar* serpientes y escorpiones, y sobre toda fuerza del enemigo, y nada os dañará.
> —Lucas 10:19, énfasis añadido

Como creyentes, tenemos autoridad dada por Dios sobre los peligros de nuestra vida, sean estos peligros leones, serpientes o la presión de grupo. Muchas personas, especialmente los jóvenes, nunca han visto a un creyente que utilice autoridad espiritual, de manera que creen que la vida cristiana carece de todo poder real. Ver cristianos impotentes los ha llevado a creer que no hay mucho que puedan hacer acerca de sus problemas. Darnos cuenta de que Dios en realidad nos ha dado autoridad sobre elementos dañinos en nuestra vida hace una diferencia que nos cambia la vida.

ELLA DEBE *DETESTARTE*

Con demasiada frecuencia, tenemos un gran objetivo, pero no estamos preparados para lo que enfrentaremos para llevarlo a cabo, porque no comprendemos nuestra autoridad como creyentes.

Durante su último año de universidad, Jennifer McCullough me pidió ser su mentora y yo disfrutaba bastante nuestros momentos uno a uno, especialmente los pasajes de las Escrituras que estudiábamos juntas. Yo no había conocido a Jenn hasta cinco semanas antes de la graduación, de manera que tuvimos un comienzo bastante tardío cuando ella anunció que se sentía llamada a ir a África durante el verano. Mientras ella se preparaba frenéticamente, Jenn le mencionó a una amiga nuestra, Dana, cuán emocionada estaba de ir a África. Dana le preguntó si había escuchado del Salmo 91. Cuando Jenn respondió que no, usted pensaría que Dana le habría ofrecido compartírselo. En cambio, Dana sorprendió a Jenn como solamente ella puede hacerlo: "¡Angie debe *detestarte* por no haberte contado sobre el Salmo 91!".

Jenn se dirigió directamente a mí y me preguntó por qué la detestaba. Yo me reí. Me veía con Jenn dos veces a la semana y me sentía abrumada con todo lo que ella tenía que aprender en su discipulado antes de graduarse, ni siquiera había pensado en el Salmo 91. Resolví el problema dándole a Jenn el audio de enseñanza de mi mamá sobre el Salmo 91, y Jenn desgastó la cinta de tanto escucharla. Quién sabría que cuando se marchó a África su vida dependería de su uso de esos versículos para declarar autoridad sobre las maquinaciones del diablo. Eso, sin embargo, es otra historia…[1]

—ANGELIA RUTH SCHUM

Dana había hecho un comentario en broma acerca de la ignorancia de Jenn sobre el Salmo 91, con el fin de llamar su atención. Pero la verdad es que muchas congregaciones nunca han escuchado ni siquiera un sermón sobre el Salmo 91 ni sobre la autoridad del creyente. Los cristianos no están preparados para la batalla que enfrentarán en la vida. Muchos nunca han escuchado sobre guerra espiritual. Alguien ha dicho en son de broma que si una persona no ha escuchado acerca de guerra espiritual, entonces ya es un prisionero de guerra.

Muchos cristianos se sienten impotentes en su vida, en gran medida debido al discipulado mediocre. ¿Puede usted escuchar a Dana: "¡Tu iglesia debe *detestarte* si nunca has escuchado un sermón sobre el Salmo 91!"? Dedique tiempo a buscar y a estudiar la autoridad que le ha sido dada. Gracias al Señor que Dana dijo algo, porque quién pensaría que para el final del verano, la vida de Jenn dependería de su conocimiento de la protección prometida en el Salmo 91. Es el versículo 13 del Salmo 91 el que más explica nuestra autoridad.

LEONES, SERPIENTES Y DRAGONES

Dios obviamente no pretende que nos hagamos el hábito de provocar leones ni serpientes venenosas, pero utiliza estas mortales criaturas de Lucas 10:19 para mostrarnos exactamente cuánta autoridad desea que tengamos. Tener autoridad sobre sus circunstancias significa que usted tiene el *derecho* de hacer algo al respecto. Usted tiene el derecho de utilizar el nombre de Jesús para combatir lo que el enemigo envíe contra usted.

Satanás es descrito como un león rugiente, y esa imagen se utiliza aquí para proporcionarle una idea de una de las formas que pueden tomar sus ataques. El ataque de un *león adulto* es repentino, ruidoso, poderoso y feroz. Esto representa cuando el enemigo le ataca de frente e intenta abrumarlo con pura fuerza. Esto incluye ataques en su vida que le hacen estremecerse. En esos momentos, el ataque está diseñado para derrotarlo con un solo golpe.

El ataque del *león joven* del Salmo 91:13 es claramente distinto del ataque del león adulto. El león joven representa el bombardeo constante de pequeños golpes que pueden desgastarle. Esta clase de ataque lo aporrea con una multitud de problemas y parece ser que usted no puede levantarse de nuevo; a menudo solo desea rendirse. Jesús no dejó que los tres ataques de Satanás en el desierto (Lucas 4:1-13) se acumularan; en cambio, Él los tomó uno a la vez. Los ataques solamente se acumulan cuando no enfrentamos cada uno con la Palabra o no los resistimos activamente, o cuando caemos en la tentación y varios se agregan junto con ella. Evitarlo es la peor manera de responder al ataque de un león joven. Separe sus ataques al resistirlos a medida que se presenten, y no deje que se acumulen.

El *áspid* representa un ataque mucho más sutil que golpea cuando menos lo espera y desde una dirección que jamás habría esperado. Por ejemplo, cuando alguien miente a sus espaldas lo que le golpea inesperadamente. Las heridas punzantes del áspid pueden ser difíciles de detectar al principio. Aunque nadie puede ver el veneno correr por el cuerpo, los resultados son muchas veces mortales. Este versículo promete la habilidad de hollar sin ser mordido, así es que cuando camine por lugares peligrosos manténgase en oración y use su autoridad.

La serpiente antigua, *el dragón*, es un enemigo formidable con el poder de hollar y destruir a quienes ataca. El ataque del dragón representa algo que se teme, pero que no nos encara todos los días, imaginaciones vanas, un fantasma del pasado. En el otro extremo, sabemos que algunas personas le temen tanto a los insectos que no saldrán al campo de misiones. Detrás de este concepto de pisotear dragones y áspides se encuentra la promesa de que usted no será dañado, de hecho, *usted será quien huelle* a estas aterradoras criaturas. De todos los versículos de Salmo 91, el versículo 13 habla de nuestra capacidad de pisar y hollar nuestros problemas. Habla de nuestra autoridad sobre los ataques destinados a dañarnos.

Para hacer práctico este concepto, piense en términos del juego ofensivo y del defensivo. Cualquier entrenador sabe que ambos son importantes. No obstante, muchas personas apenas sobreviven al día, porque están jugando solo defensivamente. Salmo 91:13, sin embargo, nos muestra otra manera de vida, una manera en que jugamos a la ofensiva contra los ataques del enemigo.

Como seguidor de Cristo, usted puede utilizar su poder espiritual dado por Dios para hollar *todos* los poderes del enemigo.

CAPÍTULO 15 — DIARIO

Este capítulo examina la autoridad que tenemos como creyentes. Habla acerca de hollar cuatro diferentes tipos de criaturas. Dios no nos está diciendo que caminemos sobre animales, sino nos está dando instrucciones de cómo vencer los problemas y los temores que nos atacan. Dedique un tiempo para reflexionar sobre la autoridad que Dios le ha dado como creyente. ¿En qué afecta comprender esta autoridad sobre su perspectiva de los obstáculos que enfrenta en la vida?

_____

_____

_____

_____

_____

_____

_____

_____

_____

Capítulo 16

PORQUE LO AMO

Por cuanto en mí ha puesto su amor, yo también lo libraré.

—SALMO 91:14, ÉNFASIS AÑADIDO

EL HOMBRE ENTRE DIOS Y YO

¿Por qué a veces le damos a alguien o algo más de nuestro amor que a Dios, cuando en lo profundo sabemos que eso no terminará bien? Sinceramente nunca pensé que podría sucederme a mí. Me imagino que tendría que decir, mirando en retrospectiva, que me dormí en horas de trabajo cuando debí haber estado de guardia.

Yo me convertí en creyente a temprana edad, y nunca vi que en algún momento pudiera comprometer mis convicciones. Yo era demasiado fuerte para eso. No obstante, ahora al ver en retrospectiva, puedo ver que sucedió muy rápidamente y que no opuse mucha resistencia. Tenía dieciséis años cuando lo conocí. Ambos estábamos en un campamento y comenzamos como "solo amigos", como dice la gente. Él era apuesto, con un tono de piel aceitunado y ojos castaños claros, y a mí no me habían enseñado cómo luchar contra la atracción. Pero para él yo fui un desafío, una mujer fuerte con una defensa fuerte alrededor de mi corazón. Antes de que pasara mucho tiempo, nos encontrábamos pasando cada momento juntos. Él tenía una muy buena voz y podía cantar hasta que me deshacía. Él no era creyente, pero me dejaba hablar del Señor, e incluso eso pareció unirnos más.

Yo me volví completamente dependiente de él poco a poco, hasta el punto de que nada ni nadie más importaba. Mi necesidad de él era una obsesión, y era tan profunda que sentía que ni siquiera podía respirar sin que él estuviera ahí. En un par de años yo me había hundido en un mundo artificial con este hombre al centro; me olvidé de Dios desde entonces.

No necesito decir que mis padres no lo aprobaban, pero eso no significó mucho para mí entonces. Mi relación con ellos se había vuelto trivial y superficial. Yo aceptaba lo que necesitaba de ellos para sobrevivir y no tomaba nada más. En cierto grado, yo sabía que mi manera de vivir era equivocada. Sabía que estaba vacía. Simplemente no me importaba.

Para cuando cumplí dieciocho, yo vivía en mi propio mundo secreto. Había llegado a un punto en el que simplemente puse en silencio la voz de Dios. Ya no dedicaba tiempo personal con Él. Nosotros habíamos sido una familia increíblemente cercana, pero ahora todo lo que ellos recibían de mí era ira. Cuando llegaba, pedía dinero y las llaves del coche, ¡y luego adiós! Mi conexión con mi familia estaba en ruinas. Pero mis padres continuaban orando por mí y declarando las promesas de las Escrituras sobre mi vida.

En ocasiones, cuando mi novio y yo peleábamos, yo iba a la casa de una amiga. No importaba si era a mitad de la noche, yo estallaba con mis problemas. Aunque mi amiga no fuera creyente, ella fue la primera en observar un cambio en mí, aunque yo no lo vi cuando ella lo señaló. Fue hasta que mi novio y yo tuvimos una conversación acerca de su futuro, y de cómo yo encajaría en él, que el temor hizo mella en mi obsesión. De pronto temí perder a Dios; perder la verdad, y perderme para siempre…y luego me encontré orando. Todo lo que pude pedir fue: "Dios, si estás aquí, por favor ayúdame a encontrar mi camino de vuelta a ti". Yo sabía que Dios no me debía nada, y no pensaba que haría mucho bien o que cambiaría mi rumbo, pero sentí que lo tenía que intentar.

Yo comencé a ver la verdad después de que finalmente regresé a Dios. Había desarrollado un lazo del alma con este hombre, y era tan profundo que tomó un largo tiempo hasta que pude romperlo. Cada vez que lo intentaba, él se portaba muy dulce y amable para que lo dejara entrar de nuevo. No fue sino hasta más tarde que me di cuenta de que Dios estaba intentando de enseñarme a no elegir agradar a la gente más que agradarlo a Él. Finalmente aprendí esa lección con esta relación.

He estado en mi caminar renovado con Dios durante casi tres años, y me he asombrado de ver cómo Él puede regresar a su voluntad todo lo que yo había arruinado, aun después de haber pecado y haberme alejado de Él. Desde que coloqué primero a Dios he formado relaciones sanas y he renovado antiguas relaciones, y mi vida está mejor que nunca.

—MIRIAM

Es posible *pensar* que amamos a Dios, pero en realidad no lo conocemos bien en absoluto. Miriam reemplazó lentamente su amor por Dios con el amor por un hombre. Lo aterrador es que ella ni siquiera se dio cuenta de que había perdido su amor por el Señor. Se necesitó que una amiga se diera cuenta del cambio negativo y de una de aquellas "charlas incómodas de relaciones" para que Miriam viera que algo no andaba bien. Su novio era una obsesión de la que ella se volvió dependiente, y se perdió entonces Dios irrumpió a través de una pequeña grieta a través de una conversación. ¿No es grandioso saber que el Señor nos persigue aunque lo hemos reemplazado con alguien o algo más?

A veces sobreespiritualizamos amar a Dios. El amor profundo tiene acción y pasión en sí. No es teórico, sino algo que toma un lugar en nuestros corazones. La acción y la pasión abarcan cada parte de nosotros; nuestro corazón, alma, mente y fuerza. Pregúntese: "¿Amo profundamente a Dios? ¿Dedico tiempo para mostrarle que lo amo?". Nos damos cuenta de que nuestras relaciones con otras personas requieren de comunicación continua y de compartir amor mutuamente, pero a veces olvidamos que nuestra relación con el Señor necesita ser así de intencional.

En Salmo 91:14-16, Dios mismo está hablándole directamente a usted, y Él le ofrece siete promesas a quien de verdad lo ame. Pregúntese: "¿Realmente amo al Señor?". Sea sincero en su respuesta, Dios ya la conoce.

EL AMOR DEMUESTRA

Cuánto amemos a Dios muestra cuánto amamos nuestra vida. ¿Se acuerda cuando Jesús le preguntó a Simón Pedro en Juan 21:15: "Simón […] ¿me amas…?". Piense en cuán avergonzado debió haberse sentido Simón Pedro cuando Jesús le hizo esta pregunta una y otra vez. Dios le está haciendo a usted la misma pregunta, porque Él tiene asombrosas promesas para quien lo ama de verdad.

Jesús continuó diciéndole a Pedro cómo mostrar su amor. Cuando Pedro dijo que amaba al Señor, eso no fue suficiente. Jesús dijo que el amor de Pedro se demostraría en qué tan bien cuidaba de aquellos que estaban a su cargo. Nuestro amor por Dios se demuestra en cómo nos amamos mutuamente.

Los humanos fuimos literalmente creados para proporcionarle compañía al Señor. Piénselo. David era solo un adolescente cuando pasaba sus noches en el campo, cuidando a sus ovejas, tocando su arpa y entonándole canciones de amor al Señor. El amor de David por Dios era una de las razones por las que Dios lo llamaba "varón conforme a mi corazón" (Hechos 13:22).

Lo que Dios más desea de usted es que pase tiempo hablando con Él, escuchándole y teniendo comunión con Él. Entre más tiempo pase con Dios, más aprenderá a confiar en Él y a saber que su Palabra es verdad. David aprendió a confiar en Dios, y es por ello que no temió pelear con leones y osos, y más tarde con el gigante, Goliat. Dios se había convertido en su mejor amigo, y él sabía que *Dios no lo dejaría ni lo abandonaría*.

Entréguese completamente a Él —dele su amor, su identidad y su vida— y permítale que lo guíe.

"Porque nada hay imposible para Dios".
—LUCAS 1:37

Para el joven que de verdad ame al Señor, la recompensa de ese amor es la promesa de que Dios protegerá, librará y rescatará a su amado. Nuestro amor por Dios nos coloca en una posición única con Él. A David lo llevó de los campos, al palacio, al trono.

Durante los años de adultez la gente define cuánto de su vida está dispuesto a entregarle a Dios. Cada joven llega a un momento en que debe decidir: "¿Me entregaré de lleno a Dios? Y, si lo hago, ¿Dios me amará de vuelta?". ¿Ha usted alcanzado este punto crucial en su vida?

CAPÍTULO 16 — DIARIO

Este capítulo describe cómo nuestro amor por Dios nos coloca en una posición única con Él, una posición en la que podemos recibir sus promesas. ¿Cómo demuestra usted su amor por Dios?

_____

_____

_____

_____

_____

_____

_____

_____

_____

_____

DIOS ES MI LIBERTADOR

Por cuanto en mí ha puesto su amor, yo también lo libraré.

—SALMO 91:14

ROMPIÓ EL PODER DEL IMPULSO DE CORTARSE

Yo tenía dieciséis años la primera vez que me corté. Era mi cumpleaños. Toda mi vida me había sentido muy herida por mi madre por no estar presente. El enojo y el dolor simplemente se acumularon y no supe como dejarlos salir. Algunas veces simplemente gritaba en mi almohada para dejar salir el dolor. Y cantaba mucho. Podría ser cualquier canción que se relacionara con mi situación. Cantaba una y otra vez y sentía cada parte. Cantar ayudaba, pero el alivio nunca era permanente. No podía encontrar una manera de escapar de todo el dolor que sentía.

Había conocido niñas que se cortaban desde la escuela media y solía pensar: *Eso es raro. ¿Por qué están haciendo eso?* Pero en la escuela media-superior comencé a pensar que podría ser algo que me gustaría probar. En mi decimosexto cumpleaños estaba sola en mi habitación, herida porque a mi madre nuevamente se la había olvidado llamarme o incluso enviar una tarjeta o un obsequio. Y era la decimosexta vez que se le había olvidado. Luego recordé cómo las niñas de la escuela media solían decir que cortarse reemplaza el dolor emocional con dolor físico y pensé: *Eso es control.* Así que me corté por primera vez. No sentí alivio, pero sentí un control que no había sentido antes: control del dolor. Y decidí que así sería como buscaría aliviar el dolor si se ponía demasiado mal. Cualquiera puede dejarlo a uno, pero es diferente cuando un padre lo abandona. Le hace algo a uno. Afecta su capacidad de amar. Lo hace sentir como si no fuera suficientemente bueno para amar. Y todo lo comprueba: sus notas, su familia. Mi madre al parecer ni siquiera recordaba mi cumpleaños.

Esto siguió durante cinco años. Yo me estaba cortando constantemente y lo ocultaba con una blusa o con maquillaje. Pero siempre era una cura temporal. Cortarme me entumecía porque cambiaba mi enfoque del dolor emocional al físico. Y si se me infectaba era todavía mejor porque causaba más dolor físico y hacía que mis emociones se entumecieran más. No podía llorar, no podía sentir nada. Las píldoras para la depresión tenían el mismo efecto. Pero el dolor emocional nunca se iba en realidad. El enemigo toma una puerta abierta y empeora las cosas a partir de allí. La primera puerta que se abrió en mi vida fue el abandono y la herida, y siguió con cortarme y con más heridas.

Entonces un día mientras estaba trabajando en un puesto de helados que tenía el papá de una amiga vi a todas estas personas recaudando fondos. Vi a un muchacho que era guapo y pensé: *Me voy a ir con él esta noche.* Me había sentido atraída a los hombres desde una corta edad. Pero cuando me acerqué era como si él no estuviera procesando que le estaba coqueteando. Así que comenzó a hablarme acerca de un viaje misionero al que iban a ir en Filipinas, y pensé: *Muy bien, haré mi papel.* Así que le pregunté en qué iglesia estaba y él me invitó a una reunión de un ministerio del campus. Y como nunca había sido rechazada por un muchacho antes, pensé: *¿Cómo se atreve? Ahora, tendré que conocerlo.* Fue un desafío.

Así que fui a la reunión del ministerio del campus y recuerdo sentir tal dolor durante la adoración, como un dolor que me atravesaba. Me dolía en todo el cuerpo escuchar a los líderes de adoración cantar acerca de este amor que el Señor tenía. Jamás había escuchado las canciones, todo era nuevo, y yo estaba tan incómoda. Pero recordé cómo solía cantar para aliviar el dolor y pensé: *Probablemente debería hacer eso otra vez.*

No vi al muchacho al que le traté de coquetear en ninguna parte y pensé: *Ese mugriento mentiroso.* Entonces volví a mirar y lo vi en la cabina de sonido y pensé: *Muy bien, me voy a quedar aquí hasta el final.* Encontré un lugar cerca de la pecera porque no quería ser vista, y el muchacho salió de la cabina de sonido y comenzó a hablar conmigo. Quería saber si me había gustado el servicio y si iba a volver a la máquina de helados más tarde, y le dije que no porque ya había cerrado. Lo que realmente quería era que pensara que nunca más me volvería a ver para tratar nuevamente de atraerlo, pero él no estaba cayendo en mi trampa. Yo tenía en marcha mi plan de "aparentar hasta vencer" y me sentía muy cruel, como un monstruo. Siempre había planeado dejar el ministerio antes de que alguien descubriera cómo era yo en realidad, pero esta vez no estaba funcionando.

Seguí asistiendo a la reunión del ministerio, porque aunque sentía como si las canciones de adoración fueran una lija para mí, me gustaba estar allí. Suena loco, pero el ardor que sentía era un buen ardor. No era como el ardor de cortarme; era totalmente distinto. No lastimaba. No lo puedo explicar en realidad. Era como si constantemente fuera atraída a ello. Así que aunque la casa ministerial universitaria estuviera cerrada me quedaba afuera hasta que alguien abriera.

Hasta ese momento había escuchado tres sermones de Angie. Uno de los sermones se trataba de ser sincera con el Señor, de enfrentar mis asuntos con Él. Pensé: *Señor, hay varias cosas que tengo que enfrentar. Voy a ir al siguiente nivel con esto, Señor. Estoy cansada de hablar con estos jóvenes. Todos estos jóvenes, ¡no los quiero!* Así que dije: "Señor, ¡muéstrame con quien hablar! Simplemente destaca, si se puede decir así, a la persona con la que debo hablar". Y de pronto, todas las luces se apagaron, incluyendo las de las peceras y lo único que podía ver era a Hannah sola con una silla vacía detrás de ella.

Pensé: *Lo hizo. ¡Él es real! ¡Qué barbaridad!* Decidí hacer mi parte, así que me acerqué a Hannah y le dije: "Oye, no te conozco y no me conoces, pero el Señor me acaba de decir que tú vas a saber cómo hablar conmigo".

Resultó que tenía muchas hermanas, y pensé que eso era por lo que el Señor me había dirigido a ella. Así que le conté un poco de lo que había estado sufriendo, no que me estaba cortando, sino acerca del abandono y la herida por mi mamá. Y ella me dijo que necesitaba salir en una cita con el Señor. Y yo: "Estás loca. No existe tal cosa. ¿Cómo se hace eso siquiera?". Pero ella me dijo: "Confía en mí". Y me dio dinero para pagar mi cita con el Señor. Pensé: *Me acaban de pagar para salir en una cita... con el Señor. Qué raro.*

Decidí dar un paseo en mi coche por caminos secundarios; eso me sonaba como una cita. Así que usé el dinero que me dio para llenar mi picop, conseguir un almuerzo ya preparado y me fui en esta cita con el Señor. Conduje hasta que éramos solamente las estrellas, mi picop y yo. Me estacioné en alguna parte por Ten Mile, y me subí a la caja de la picop. Por primera vez en la vida estaba completamente sola, y sentí que algo cayó, y sentí el ardor sin la música de adoración. Pensé: *¿Qué está pasando?* Así que le envié algunos mensajes de texto a Hannah y le pregunté qué estaba pasando. Le dije: "Esto es lo más tonto que he hecho jamás. Se siente tan raro". Ella me llamó porque yo necesitaba asesoría ya que nunca había salido en una cita en una manera apropiada antes. Le dije: "Algo está mal, porque no siento como si estuviera sola". Y ella me dijo: "Esta bien. El Señor está allí y estás a salvo. Así que lo que sea que estés sintiendo, simplemente siéntelo. ¿Recuerdas cómo se siente estar en una cita?". Pensé: *Más o menos. Jamás he estado en una cita oficial.*

Así que hice lo que me dijo y fue como si el Señor comenzara a mostrarme mi vida. Me mostró de dónde estaban viniendo todas las heridas y por qué el ardor de la adoración se sentía mejor que el ardor de cortarme y por qué era bueno para mí. Y comenzó a decirme que no había sido abandonada, que Él siempre había estado allí. Él todavía me dice cosas acerca de esa noche. Me dijo que nunca tenía que cortarme; que esa no era parte de su plan para mi vida. Todo el dolor, no se suponía que estuviera allí. Al quitar a mi mamá de la escena, estaba rompiendo una maldición generacional de adicción. Me estaba protegiendo. Él sabía cuánto tiempo le tomaría a ella volver en sí. Y para el momento en que ella volviera en sí habría tanta herida que me habría tomado casi el mismo tiempo sanar.

Volví a casa después de esta cita a mi habitación vacía y simplemente lloré. Entonces el Señor comenzó a mostrarme esa fría noche de diciembre que su propósito nunca fue que yo tuviera tanto dolor. Me mostró que en cada momento doloroso en mi vida Él estaba allí. Que había estado allí en cada evento importante del que mi madre se había perdido. Cada vez que yo había gritado en mi almohada, sus brazos habían estado listos para mí, esperando a que dejara su amor entrar. Esa noche en mi casa dejé caer los muros. Le entregué los pedazos de mi corazón que me quedaban y me prometió aceptar gustosamente todos los demás pedazos a medida que se fueran uniendo. Había sido aceptada. Le di mi corazón y mi vida al Señor esa noche en diciembre de 2012.

Al año siguiente me casé con un hombre maravilloso y estábamos esperando un bebé. Fui liberada por completo de cortarme después de que algunos líderes del ministerio del campus oraron por mí durante varias horas, pero dos días antes de que mi hija naciera fui vencida por esos pensamientos y me volví a cortar. Tenía mucho dolor ese día. Algunas veces vuelve y llama a mi puerta. Creo que estaba bajo un ataque. Aquí estaba yo a punto de tener una hija y solo seguía pensando en cómo mi mamá nos abandonó; antes de que yo siquiera cumpliera un año me dejaba en la encimera de la cocina para que mi hermano de cuatro años me cuidara.

El dolor era tan intenso que parecía que estaba pasando por depresión postparto incluso antes de haber tenido a Addy. Después de todos esos años, el dolor que había sentido volvió en un momento. Pensé: *No puedo con eso. Jamás dejaría a mi hija. No puedo entender cómo mi madre hizo eso.* Satanás comenzó a desgastarme diciéndole que iba a ser exactamente como mi mamá y que se necesitarían años para que mi hija se recuperara del dolor que ya le había causado. Me seguía diciendo que ella me iba a preguntar por las cicatrices en mis muñecas y que iba a tener que explicárselas y que entonces ella pensaría: *Bueno, mi mami lo hizo, así que yo también me puedo cortar.* Pensé: *Tengo que detenerlo antes de que incluso comience.* Así que esa fue la última vez que me corté.

Unas semanas después de que tuve a mi hija fui a la iglesia y una mujer notó las cortadas en mis muñecas. Me había puesto maquillaje, pero creo que no hice tan buen trabajo como pensé. Estaba muy infeliz y estaba agotada emocional y físicamente porque todavía estaba pensando que no estaba equipada para ser una buena mamá. Pero está mujer caminó hacia mí, tomó mi mano y me dijo: "Vales mucho más que esto. ¡Vales mucho más! Vales mucho más para esa pequeña bebé. Vales mucho más para tu marido. Pero sácalos de la escena. Quiero que vayas a casa hoy y que te veas en el espejo". Ella no podía saber de ninguna manera lo que estaba diciendo. Ella solo me conocía como Amanda, la esposa del bajista. Eso era todo. Ella no sabía que yo me había entrenado para arreglarme el cabello y maquillarme sin verme al espejo porque no me gustaba lo que veía.

Ella me dijo: "Ve a casa y mírate en ese espejo como nunca antes te has visto en ese espejo y recuerda lo que el Señor hizo por ti. Recuerda que esta no eres tú. Esto no es parte de ti. Eso está muerto, y es como si estuvieras tratando de resucitarlo. Estás tratando de volver por ese camino". Y yo pensé: *Ella ni siquiera me conoce. ¿Qué?* Y entonces pensé: *Ay, espero que no le diga a nadie.* Me di cuenta que me había comenzado a preocupar de nuevo. Me preocupaba por lo que la gente viera porque yo ya no era una persona que se cortara. Esa no era yo. Yo ya no era esta persona pequeña y quebrada. Yo sabía que yo era mayor que eso.

No podía esperar a que el pastor terminara su sermón e hiciera la invitación de pasar al frente. Yo estaba como: *Necesito ir allí ahora porque Dios podría venir y necesito pasar al frente para arrepentirme de esto.* Pero entonces pensé: *¡Yo no esperé para cortarme, así que no voy a esperar a que termine!* Así que antes de que incluso terminara de predicar, corrí de la primera fila al altar. Hundí mi cara y comencé a arrepentirme. Mi esposo vino a mi lado. Él sabía lo que estaba pasando así que comenzó a orar por mí. El pastor todavía estaba predicando, pero lo escuché decir: "Esto está bien. Esto está bien. Puedes hacer esto. No me ofende". Y entonces yo pensé: *Muy bien. Qué bueno. No ofendí al pastor. Estamos bien. Podemos volver a la iglesia.*

En el altar comencé a recordar lo que el Señor me

había dicho, verdades que le tuve que decir en voz alta al Señor, como el hecho de que ya no estaba atada al abandono, al suicidio y a la muerte porque los líderes del ministerio universitario habían orado para que fuera libre de ellos. Tenía que declarar literalmente que no era esta pequeña persona sin esperanza: yo era una guerrera.

Cuando llegué a casa ese día, acosté a mi hija para que tomara una siesta, y mi marido también tomó una siesta porque estaba trabajando por las noches. Con ambos dormidos me fui al baño a cambiarme por ropa más cómoda y entonces recordé las palabras de la mujer que habían penetrado tan profundamente en mí. Ese día me vi al espejo y me dije que había sido formada de una manera *feroz* [formidable] y maravillosa [Salmo 139:14, JBS]. Y en ese momento, mientras me veía al espejo, me vi a mí misma formada de una manera ¡feroz y maravillosa! El Señor se levantó a través de mí y tomé un marcador azul brillante para pizarrón blanco y escribí las palabras que estaban quemando en mis labios: "La mujer sabia edifica su casa", que es de Proverbios 14. No la derriba cortándose o disecándose de la cabeza a los pies.

En lugar de ver el reflejo de una mujer marcada por las cicatrices, el Señor me mostró a una guerrera. ¡Él estaba edificando a una guerrera de una casa fuerte! Mientras escribía en cada espejo que podía encontrar en nuestra casa, sentí que el dolor del abandono se levantaba más y más con cada palabra. Cuando llegué al último espejo, se me llenaron los ojos de lágrimas porque ese ardor que sentí anteriormente en el ministerio del campus estaba allí. ¡Lo sentí en todo mi cuerpo, mi mente y mi espíritu! El ardor simplemente me saturó toda por completo, y me di cuenta de que el ardor era el amor de Dios. Era literalmente su calor cubriéndome toda.

Supe en ese momento que había sido liberada por completo de cortarme. Los muros de temor cayeron y fui soltada. Podía sentir el amor de Dios entrando y llenando cada hueco. Hasta este mismo día, mientras escribo, ese versículo sigue en mi espejo como un recordatorio de que el Señor me encendió en llamas y que el enemigo quiere desesperadamente apagar mi flama. Ahora estoy totalmente libre de cortarme, mi madre biológica ha sido salvada milagrosamente y liberada, y tenemos una relación excelente. He cambiado mi enfoque del dolor a este gran amor ardiente al que el Señor me llamó hace años en mi cama.

Me ha hecho una amante de la vida y vida en abundancia, y no fui hecha para nada menos.

—AMANDA MARR

Esta promesa de liberación es la primera de siete promesas hechas para el que ama a Dios, y tiene el propósito de que las convirtamos en algo personal. He decidido citar el Salmo 91:14 así: "Porque te amo, Señor, te agradezco por tu promesa de librarme". La vida de Amanda gritaba por liberación.

Lo irónico es que la gente que se corta termina con dos tipos de dolor: el emocional y el físico. Es engañoso que piensen que están intercambiando el dolor emocional por el dolor físico. Cuando yo era joven mi tío en broma solía ofrecerme golpearme en el dedo gordo del pie con un martillo cuando me aplastaba mi pulgar con uno (así quitaría la atención del dedo que me estaba doliendo). Esta parece ser la lógica engañosa de cortarse; intercambiar un dolor incontrolable como el abandono por un dolor controlable hace que la persona vaya de un dolor insoportable del corazón al entumecimiento y, finalmente, a la dureza de corazón. Amanda temía haberse vuelto un monstruo por haber estado en dolor durante tanto tiempo. Nuestro dolor es una carga pesada que solamente Jesús puede llevar (vea Isaías 53:4-5).

Cortarse da un sentido falso de control. Amanda dijo: "El dolor emocional nunca se iba en realidad [...] El enojo y el dolor simplemente se acumularon". Así que ella en realidad nunca estuvo en control; estaba engañada. Las mentiras que creyó acerca del poder de cortarse eran del enemigo (vea Juan 8:44).

Otra parte irónica de esta historia es que el dolor fue parte de la travesía para *salir de* cortarse. Amanda experimentó un estilo de vida de dolor inducido por ella misma, incluso al punto de llegar a preferir que una herida se infectara, y luego dijo que escuchar música de adoración se sentía como una lija en el corazón: un tipo de dolor diferente que Dios usó para traer sanidad.

Incluso después de que Amanda fue liberada de cortarse, cuando enfrentó dolor descubrió que aún tenía un gatillo emocional profundo cuando ella misma estaba a punto de ser madre. Tuvo que enfrentar el abandono, el espejo y sus cicatrices con la verdad de la Palabra de Dios. Amanda estaba viviendo una vida deprimida llena de tristeza y pensamientos suicidas, pero decidió tomar la Palabra de Dios seriamente. Cuando Amanda clamó al Señor, su liberación llegó al centro mismo del problema y Amanda ahora tiene una vida llena de la bondad de Dios.

Dios está allí para librarnos de problemas como cortarse y el abandono, así como de las peores ataduras y adicciones posibles. Desde que Amanda podía recordar, ella había batallado con el abandono, pero salió de los servicios de la iglesia y de los estudios bíblicos sin rendirse al Señor, lo cual la llevó a más problemas. No estamos indefensos en contra de este tipo de cosas, y ningún aspecto de nuestra vida está sin esperanza o más allá de la liberación. Dios quiere librarnos de todas las heridas y del abandono, el temor, el tormento y el cautiverio.

Si algún área de su vida está plagada por la adicción, la herida o el abandono ¡es porque Satanás sabe lo poderoso que usted puede ser en libertad! Recuerde la historia de Amanda y rehúsese a darle la satisfacción de mantenerlo en cautiverio.

CAPÍTULO 17 — DIARIO

Este capítulo se basa en la primera de las siete promesas del Salmo 91:14-16: porque amamos a Dios, Él promete librarnos. En capítulos anteriores hablamos de varios tipos de problemas y temores de los que necesitamos liberación. Cuando sentimos que la vida va a aplastarnos con calamidades, podemos recurrir a esta importante promesa para cambiar el resultado. ¿Sabe que Dios es su libertador?

_____

_____

_____

_____

_____

_____

_____

_____

_____

_____

_____

_____

DIOS ME PONE EN ALTO

Por cuanto en mí ha puesto su amor […] le pondré
en alto, por cuanto ha conocido mi nombre.

—Salmo 91:14

No más prisionero del pasado

¡No hay nada como lo que se siente cuando alguien del trabajo le incrimina y su pasado parece regresar a cobrar venganza! Tim acababa de salir del sistema judicial de menores de Texas, donde había pasado más de un año luego de ser condenado por actividad delictiva y robo. Le había entregado su corazón al Señor durante uno de los estudios bíblicos que se llevaban a cabo en los dormitorios de la prisión los lunes por la noche, y había tenido un verdadero cambio en su vida. Cumplió con su sentencia, y cuando fue liberado, su registro estaba limpio.

Incluso con el beneficio de un nuevo comienzo, Tim se dio cuenta de que obtener un empleo decente era un desafío. Se supo acerca de su encarcelamiento, y algunos empleadores prospectos se desalentaron por los tatuajes relacionados con pandillas que no podía ocultar. Finalmente, el gerente de un Burger King decidió arriesgarse.

Con el tiempo, Tim comenzó a ascender hasta jefe de turno. Un día en el trabajo, una gran cantidad de dinero desapareció en su turno. El gerente le preguntó a todos quién robó el dinero. Aunque Tim estaba caminando con el Señor, cuando se le preguntó a cada empleado, uno a uno lo señalaron a él. Parecía que la balanza estaba en su contra.

Pero el gerente hizo algo fuera de lo ordinario. Miró a Tim y le dijo: "¡Yo no creo que él lo hiciera! ¡Tim, saquemos el video de seguridad, y tú y yo lo veremos!". Tim dijo que cuando el gerente habló de la confianza que le tenía, fue la primera vez en su vida que alguien había creído en él.

Juntos, los dos hombres vieron el video que mostraba a la persona que había robado el dinero tan claramente como era posible. ¡Tim fue completamente descartado! Pero estaba agradecido de darse cuenta de que su jefe tenía confianza en él incluso antes de tener pruebas de que él había tenido un cambio en su vida. Tim sabía en su corazón que Dios *lo había levantado* de donde había estado a donde estaba ahora.

Porque CONOCEMOS su NOMBRE

En Salmo 91:1, Dios es llamado el "Altísimo", revelando así que Él es el ser más alto que existe. Considere la importancia de estar puesto "en alto" (v. 14) con Aquel que es el "Altísimo". Desde lo alto, nosotros tenemos una mejor posición y perspectiva.

Dios también es llamado "el Omnipotente", que denota que Él es "todopoderoso", el más poderoso. El versículo 2 hace referencia a él como "el Señor", revelando su posesión de todas las cosas, y también como "mi Dios", revelando así su naturaleza personal. A través de estos cuatro nombres vemos a Dios revelado en cuatro maneras únicas para *aquel que ha conocido su nombre.* La siguiente historia es un ejemplo de cuando Dios hace algo por usted cuando nadie más puede ayudarlo, incluso cuando los demás desean creer en usted.

CUANDO LAS CIRCUNSTANCIAS INTENTAN DERRIBARLO, DIOS LO LEVANTA

Un joven al que llamaré Scott, había sido contratado por un amigo de mi familia como gerente de una pizzería. Él estaba estudiando para el ministerio y para obtener una licenciatura, y trabajaba en la pizzería para pagar por sus estudios.

Scott se sorprendió cuando un par de miles de dólares desaparecieron de la caja fuerte en la que había puesto el dinero la noche anterior. De repente Scott se convirtió en el sospechoso principal. La policía llevó un detector de mentiras para todo el personal y él no lo pasó.

Llamaron a Scott para interrogarlo. Comenzó a orar: "Dios, tú defiendes mi vida". El Salmo 23 le resonaba mucho en la mente durante ese momento. Scott se sostuvo en la promesa de ser llevado en el camino de justicia y más específicamente la frase "tú estarás conmigo". Después de orar y entregárselo al Señor, pensó que todo terminaría pronto, pero parecía que duraba una eternidad.

Al día siguiente las acusaciones se intensificaron cuando el capitán de la policía fue el que lo interrogó. Se sentía tan abrumado y estresado por el implacable escrutinio que Scott detuvo la interrogación y pidió un abogado.

Hasta algunos allegados a él comenzaron a dudar

cuando no pudo pasar el detector de mentiras. Scott no quería vivir bajo sospecha el resto de su vida. El propietario deseaba creer en Steve y hasta se rió por lo poco confiables que pueden ser los detectores de mentiras, pero las cosas no lucían bien. Tal parecía que la situación se tornaba de mal a peor. Scott pidió oración en un estudio bíblico, y esa noche él oró desesperadamente.

¿Cómo resultó todo?

Cuando Steve se encontraba en su momento más desesperado, el verdadero ladrón (otro empleado) se rehusó a tomar la prueba del detector de mentiras y se marchó de la ciudad. Dios quitó toda la presión que el hombre y la evidencia circunstancial de repente lo había envuelto y limpió su nombre.

—BASADO EN UNA ENTREVISTA CON SCOTT

En la Biblia, José tuvo el mismo problema que Scott. Fue acusado falsamente, pero tenía el favor de Dios sobre su vida, y Dios lo *apoyaba* continuamente.

PUESTO *FIRMEMENTE* EN ALTO

Ser puesto firmemente en alto es la segunda promesa para quienes aman al Señor y le conocen por nombre. Con frecuencia en la vida tenemos una sensación de negatividad que intenta derribarnos. Sin importar cuán alto saltemos, un peso invisible nos jala de vuelta al suelo. Al igual que una corriente submarina, lo que le gustaría más que nada es ahogarnos. Para combatir esta constante fuerza que busca derribarnos, necesitamos comprender la promesa de Dios de ponernos en alto. Él desea colocar en nuestra vida el poder de levantarnos;

no desea que dejemos que nuestras circunstancias dicten la manera en que vivimos.

EL RECHAZO RECHAZA EL AMOR

¿Alguna vez miró los dibujos animados de *Winnie the Pooh* en la infancia? Ahí se presentaba a Winnie Pooh, un oso al que le encantaba la miel; Tigger, el tigre que saltaba sobre su cola; e Igor, el burro que siempre estaba triste. Igor nunca estaba feliz aunque todos sus amigos lo amaran. En ese tiempo yo no lo sabía, pero yo era Igor. Entraba en una habitación, y los pensamientos eran casi instantáneos: "A esa persona no le simpatizas; él está enfadado contigo por lo que hiciste la semana pasada. Sí, él te dice cosas agradables, pero no las dice de verdad".

El rechazo era normal para mí. Yo pensaba que todos vivían con los mismos pensamientos y sentimientos. El rechazo comenzó en mí de pequeño. Yo no creo que recuerde un momento en que no me sintiera rechazado. Mi hermano y mi hermana siempre parecían estar conectados con nuestros padres, pero yo me sentía como un tercero. Mis padres decían que yo era su preferido, pero yo *sentía* que ellos eran más cercanos a mis hermanos. Pensamientos de envidia corrían por mi mente *levantando muros* entre mí, mi hermano y mi hermana. Este patrón se repitió durante mis años escolares, mi tiempo en el ejército, el comienzo de mi matrimonio y hacia la universidad.

El rechazo es extraño. Al mirar en retrospectiva ahora, me doy cuenta de que era tonto creer todas esas mentiras, pero en ese momento parecían muy reales y verdaderas. Yo nunca me amé ni supe que tenía valor. Me trataba mal, y por raro que parezca, las personas a mi alrededor me trataban tal como yo me trataba a mí mismo. Resulta extraño que una persona que se siente rechazada haga precisamente aquello que provoca que la rechacen más. Este ciclo destructivo comenzó a temprana edad: yo me preocupaba o me estresaba tanto por ser rechazado que terminaba haciendo cosas que causaban que la gente me rechazara. Presionaba tanto para que los demás me aceptaran que sin darme cuenta provocaba el rechazo que estaba intentando evitar.

Como tenía problemas para concentrarme mientras leía, comencé a escuchar la Biblia en audio y las cosas comenzaron a cambiar para mejor. Marcos 12:31 dice que *amemos a nuestro prójimo como a nosotros mismos*. En lugar de darle amor a la gente, yo estaba desesperado por recibirlo. Tal como un hambriento, yo no podía tener suficiente. Comencé a rodearme de personas emocional y espiritualmente sanas. Aunque ese fue un comienzo, no fue suficiente. Cuando me halagaban o me animaban, yo me sentía más aceptado, pero aún me sentía vacío después de la conversación.

Pasé de escuchar la Biblia a declarar ciertas escrituras sobre mi vida. "Así que ya no eres esclavo, sino hijo; y si hijo, también heredero de Dios por medio de Cristo" (Gálatas 4:7). Yo declaraba versículos como este cuando me venían pensamientos o sentimientos de rechazo. Este viaje ha sido una lucha, incluso en ocasiones una difícil batalla, pero ahora tengo esperanza de nuevo. Cada vez que cambio las mentiras por la Palabra de Dios, me fortalezco; las situaciones que me hubieran tomado semanas de recuperación ahora tienen poco efecto.

Mi apellido es King (Rey). Y, como en el versículo de Gálatas más arriba, comencé a darme cuenta de que Dios me ve como un rey, un hijo, un heredero. Es impresionante que Dios confíe en todos nosotros para llamarnos herederos y reyes, pero lo hace. La gente solía hablar acerca de cómo agachaba la cabeza cuando el rechazo se apoderaba de mí, pero ahora puedo verme en Cristo, *sentado en lo alto*. Pensar de esta manera parece algo muy orgulloso, pero en realidad es el orgullo lo que evita que recibamos todo lo que Dios desea darnos.

Dios de verdad se ha convertido en *el que levanta mi cabeza* (Salmo 3:3). Cada vez se me resbalan más mentiras todos los días. Yo ya no me identifico con ellas —la Palabra de Dios me está transformando en una nueva criatura—, en lo que Dios pretendía originalmente. Darme cuenta de esto es lo que me ha permitido comenzar a quitar la presión de que otras personas me acepten, y comencé a poner mi confianza en el Señor para que Él me reconozca. ¡Qué sencilla es esta revelación, no obstante transformadora!

—LESLIE KING

VEA DESDE LA PERSPECTIVA DE DIOS

Al morar y hallar refugio en este Dios, llamado "el Altísimo", nos colocamos en una posición junto a Él. Esta posición de *estar en lo alto con el Altísimo* es un lugar de absoluta seguridad. Tal como un padre que alza en brazos a su pequeño hijo para alejarlo del peligro, el Señor nos levanta junto a Él, tan alto que el peligro no puede alcanzarnos. Las circunstancias negativas vistas a nuestro nivel a menudo nos dan una sensación abrumadora de desesperación y alarma. Muy pocos ven hacia el plano de arriba. Solamente con el Señor podemos obtener una perspectiva más alta sobre nuestras circunstancias. Comenzamos tanto a observar como a pensar desde una perspectiva diferente.

Para aquellos a quienes no les gustan las alturas, Salmo 91:14 es el versículo para usted. Dios promete: "Le pondré [*firmemente*] en alto", (énfasis añadido). Esa palabra, *firmemente*, significa que no puede ser derribado. Cuando usted está colocado firmemente, usted no tiene razón para sentirse inseguro ni temeroso.

Este concepto de que el Señor nos levanta resuena a través de todo el salmo, ya que Dios promete que quienes *conocen su nombre* (v. 14) están *a su abrigo* (v. 1) y están sentados *firmemente en alto* (v. 14), *habitan* (v. 9) con Él en un lugar donde ningún *mal* (v. 10) puede alcanzarlos. ¡Y se enfatiza aún más cuando leemos los versículos 11-12 donde dice que incluso los ángeles trabajan para levantarnos!

Pablo desarrolla este concepto todavía más:

> [Dios] juntamente con él [Jesús] nos resucitó, y asimismo nos hizo sentar en los lugares celestiales con Cristo Jesús.
>
> —Efesios 2:6

¿Qué significa estar sentado en lugares celestiales con Cristo? Cuando Dios levantó a Jesús de los muertos, Él le hizo más importante que nadie en este mundo. Y Él nos levanta para estar senados con Él, muy por arriba del caos.

Qué importante es recibir esta promesa de Dios de que Él nos pondrá en alto. Entre más le conozcamos personalmente, más comenzaremos a ver las cosas como Él las ve, *desde lo alto.*

CAPÍTULO 18 — DIARIO

Este capítulo señala que cuando Dios deseaba mostrarle al pueblo de Israel algo importante de sí mismo o de sus promesas, Él revelaba otro de sus nombres para ilustrarlo. Y hemos aprendido que el *Altísimo* nos sienta con Él *en alto*. La posición segura cambia nuestra perspectiva de manera que veamos las cosas desde su punto de vista. Además nos coloca por sobre el ataque del enemigo. ¿Qué significa para usted estar sentado con el Altísimo?

_____

_____

_____

_____

_____

_____

_____

_____

_____

_____

Capítulo 19

DIOS RESPONDE MI CLAMOR

Me invocará, y yo le responderé.

—Salmo 91:15

Resistir

Mi bull terrier de nueve años, Abby, tiene una gran mancha alrededor de su ojo, y tal parece que salió directamente de filmar una escena de *La Pandilla* [*The Little Rascals*], y tiene una personalidad que hace juego. Yo la traje conmigo cuando nos mudamos a otra casa, pero tuvo que pasar por un ajuste, ya que no teníamos cerca. Ella había disfrutado el gran patio trasero de nuestra última casa, de manera que yo la mantenía moviéndose alrededor del jardín con un largo cable para que se ejercitara y se estimulara suficiente, de manera que no se aburriera.

Nada me habría preparado para lo que sucedió una calurosa noche de verano. Después de medianoche, sentí una necesidad extraña de revisarla, de manera que fui a donde la había mantenido durante el día. Ella estaba profundamente dormida debajo de los arbustos que repelen el calor del verano tejano. Yo pensé en moverla a su perrera, pero pensé que disfrutaría dormir una noche afuera. Sin embargo, me pareció que algo andaba mal. Cuando me arrastré por debajo de los arbustos hacia ella, encontré que estaba colgada de la cadena con varias

160

enredaderas alrededor de su cuello, que la sostenían sobre sus patas traseras. Ella estaba agitada, intentando respirar con desesperación. Quedé horrorizada de pensar cuántas horas pudo haber estado atorada así. Usé toda mi fuerza y ambas manos para liberarla, rama por rama. Cada intento que hice para introducir mis dedos debajo de su collar y darle más aire fue en vano; estaba estrechamente apretado contra su garganta.

Comencé a clamar al Señor que me ayudara y que le diera aire para resistir. Sentía como si me hubiera tomado demasiado tiempo liberarla y llevarla de vuelta a la veranda trasera hacia la luz, e incluso entonces la crisis estaba lejos de terminar. Había logrado sacar su cuerpo del enredo, pero las ramas estaban bien enrolladas en su collar lo que la estaba asfixiando. Llamé a Stephanie, una amiga que tenía una mente relajada y dedos capaces, marcando con una mano y halando ramas con la otra. Nunca dejé de clamar al Señor.

Cuando mi amiga llegó en tiempo récord, la dejé trabajando en la perra, mientras que yo fui a buscar un cortador de metal para removerle el alambre que se hizo un nudo corredizo alrededor del cuello de Abby cuando había estado luchando contra las enredaderas. Fue agonizante escuchar sus poco profundas y sofocantes respiraciones, mientras nuestros dedos trabajaban para soltar las ramas. Stephanie también estaba orando mientras maniobraba e intentaba introducir sus dedos debajo del collar de Abby para aflojarlo un poco más hasta que finalmente le sacamos la última rama. Abby estaba exhausta de su roce con la muerte, pero finalmente estaba respirando libremente. Eran tantas las ramas que se habían enredado alrededor de su cuello que parecía una corona con varas de tres pulgadas [unos siete centímetros] de ancho.

Todo esto sucedió justo cuando estaba a punto de salir de viaje, pero de verdad me dio un golpe. El Señor había sido tan fiel conmigo que aunque yo le había puesto llave a la casa y me había preparado para dormir, sentí la necesidad de revisar a mi perra que *dormía*. Yo nunca antes había hecho eso, pero la única vez que lo hice contó, el Espíritu Santo me había impulsado a hacerlo. No solamente eso, sino que Él me ayudó a liberarla de los arbustos y a soltar las enredaderas, lo cual le ayudó a resistir mientras nosotros orábamos y trabajábamos para salvarla. Ella no ladró durante tres días.

Ahora Abby se encuentra en el patio trasero, ladrando, haciendo su danza feliz, mostrándome cuán alto puede saltar y motivándome a agradecerle al Señor por escuchar mi clamor.

—ANGELIA RUTH SCHUM

DIOS *SIEMPRE* RESPONDE SU TELÉFONO

Piense acerca de lo que Salmo 91:15 le está diciendo. Cada vez que ora, usted abre las líneas de oración con Dios. Esta promesa debería mantener a un creyente constantemente cavando con mayor profundidad en la Palabra de Dios. Sin importar el tamaño de su problema, usted puede llevárselo a Él; desde acontecimientos que alteran al vida a los momentos más sutiles de su día.

Búsquelo con sinceridad y humildad, y Él lo escuchará. Dios siempre escucha a su pueblo cuando clama a Él. No hay fin para los testimonios de quienes recibieron la ayuda de Dios cuando clamaron su nombre. Lleve registro de sus oraciones y de cómo Él las responde; luego, usted puede mirar en retrospectiva y recordar la fidelidad de Él.

Dios desea conocerlo *profundamente*

Asegúrese de comprender su papel al clamar a Dios. Él desea que usted clame a Él en su tiempo personal de devociones, lo cual es muy importante de establecer y mantener. No se marche de su casa en la mañana sin haber pasado tiempo con Él. Un día sin cobertura de oración lo deja completamente desprotegido en el plano espiritual. Incluso diez minutos de oración concentrada harán una diferencia. Dios se preocupa por usted y desea que clame a Él con respecto a incluso los detalles más sutiles de su día.

Comprender que usted puede clamar a Dios *cuando sea* rompe la rutina de hacer oraciones memorizadas. Hace que su vida de oración sea más plena y significativa. Usted comenzará a reconocer las respuestas que Él les da a sus oraciones. Aprenda a ser abierto y sincero con Él. Él ya conoce sus luchas, dudas y temores, y desea que las exprese desde las profundidades de su corazón hacia el corazón de Él, como dice la Palabra: "Un abismo llama a otro" (Salmo 42:7).

CAPÍTULO 19 — DIARIO

Este capítulo nos recuerda que Dios nos escucha cuando clamamos a Él. ¿Hay algo que se ha negado a llevarle a Dios en oración? ¿Cómo puede ser más abierto y sincero con Él? ¿Tiene un tiempo de oración todos los días?

_____

_____

_____

_____

_____

_____

_____

_____

_____

_____

_____

Capítulo 20
DIOS ME RESCATA DE LA ANGUSTIA

Con él estaré yo en la angustia.

—Salmo 91:15

Perdido y hallado

John y yo habíamos estado saliendo durante cinco años, y yo me preguntaba en el fondo cuándo me haría la *gran pregunta*. Yo nunca lo presioné, pero mi expectación del día en que mi título cambiara de novia a pro-

metida me hacía preguntarme cuándo llegaría ese día.

Nos fuimos a un viaje a Israel, y debido a que John ya había ido a Israel, me dijo que había un lugar muy especial a donde deseaba llevarme: el Monte de los Olivos. Me tomó de la mano y me llevó a un lugar donde teníamos una vista perfecta de la ciudad de Jerusalén, donde mirábamos desde arriba los muros de la Antigua Ciudad y el antiguo cementerio judío. Mientras permanecíamos ahí de la mano, John dijo que deseaba leerme algunos versículos de Zacarías 14: "Y se afirmarán sus pies en aquel día sobre el monte de los Olivos, que está en frente de Jerusalén al oriente; y el monte de los Olivos se partirá por en medio, hacia el oriente y hacia el occidente, haciendo un valle muy grande; y la mitad del monte se apartará hacia el norte, y la otra mitad hacia el sur. Y huiréis al valle de los montes [...] huiréis de la

165

manera que huisteis por causa del terremoto en los días de Uzías rey de Judá; y vendrá Jehová mi Dios, y con él todos los santos" (vv. 4-5).

John, después de leer esto, bajo su Biblia, me tomó de ambas manos, mi miró a los ojos y dijo: "Phyllis, estamos parados en la cima del monte donde se profetiza que Jesús regresará cuando venga a la Tierra por segunda vez, ¡y deseo hacer algo en este mismo lugar que sellará nuestra relación por la eternidad!". Entonces John se arrodilló y sacó algo de su mochila. Mi corazón palpitaba rápidamente mientras él sacó un hermoso anillo de diamantes y preguntó: "Phyllis, ¿me harías el honor de pasar el resto de tu vida conmigo como mi esposa?". Yo me llené de lágrimas de gozo. El hombre de mis sueños me acababa de pedir que me casara con él. Le respondí con un fuerte "¡Sí!", mientras él colocaba el anillo en mi dedo. Luego se levantó, se sacudió la rodilla y me envolvió en sus brazos, mientras lágrimas corrían por mi rostro. ¡Fue la propuesta más perfecta que hubiera soñado!

Luego de esa asombrosa e inolvidable experiencia en el Monte de los Olivos, comenzamos a seguir los pasos de Jesús, mientras caminábamos por la ruta del domingo de ramos y llegábamos al aposento alto, donde se llevó a cabo la Última Cena. ¡Mi vida no podía ser mejor! Con alegría, continuamos nuestro viaje por Israel. Yo tomaba fotos a diestra y siniestra con mi iPhone. Había tomado más de mil fotografías, y ¿por qué no? Ese fue el día más asombroso de mi vida. Llegamos a la segunda estación por la Vía Dolorosa, donde había dos iglesias cerca del monasterio franciscano. Metí la mano a mi bolso para buscar mi iPhone. Parecía que no estaba donde lo había colocado. Debió haberse ido en lo profundo de mi bolso. Rápidamente saqué todo lo que había en él, pero no estaba ahí. El temor se apoderó de mi corazón mientras yo le preguntaba frenéticamente a John si había visto mi teléfono. Él no lo había visto, de manera que comenzó a preguntarme dónde estaba cuando lo vi por última vez. ¡Mi teléfono había desaparecido!

Yo oré mientras John corrió de vuelta por el camino donde habíamos estado. Después de varios minutos, él regresó, completamente sin aliento. No había encontrado nada. Se me hundió el corazón. Estaba aterrada de pensar en perder el teléfono con todos los recuerdos de nuestro viaje, de manera que le pedí que fuera a buscarlo de nuevo. Esta vez yo fui con él. Le dijimos a nuestro guía turístico lo que había sucedido y le preguntamos qué debíamos hacer. Él nos dijo que los iPhone en Israel se venden por 3000 siclos, lo cual eran unos $1,000 dólares, de manera que el teléfono muy probablemente había sido robado y no debíamos perder nuestro tiempo. Pero ambos sentimos firmemente que deseábamos el teléfono de vuelta, de manera que le preguntamos si podíamos reunirnos más tarde con el grupo para poder regresar a buscar el teléfono.

John y yo comenzamos a caminar rápidamente hacia donde habíamos visto el teléfono por última vez. Mi mente comenzó a dar vueltas y a condenarme, y yo comencé a sentirme desesperanzada, debido a todas las imágenes que temía que se perderían para siempre. Mis emociones comenzaron a apoderarse de mí mientras intentaba luchar con los sentimientos de preocupación y culpabilidad por perder el costoso iPhone. Comencé a recordarme que me había comprometido hace menos de una hora. Finalmente, llegamos y comenzamos a buscar las iglesias para ver si el teléfono pudiera haberse caído en algún lugar. Después de buscar sin éxito, observamos una caseta de vigilancia. Hablamos con el oficial y le dijimos que mi teléfono estaba perdido o había sido robado en esa ubicación. Nos pidió algunos detalles acerca del teléfono, anotó nuestros nombres y nos pidió que dejáramos la información de nuestro hotel en caso de que fuera hallado. Le agradecimos al oficial de seguridad y comenzamos a caminar por la Vía Dolorosa para reunirnos con nuestro grupo de viaje.

El desánimo comenzó a entrar poco a poco. Pensamientos acerca de cuán rápidamente el día más hermoso de nuestra vida se había vuelto en uno de los más desilusionantes intentaron entrar otra vez en mi mente. John me tomó de la mano y me haló hacia él. Yo estaba muy avergonzada y no tuve la valentía de mirarlo a los ojos. Él me dijo: "Phyllis, este es el día más feliz de nuestra vida. Tenemos que controlarnos y no permitir que el diablo nos robe más momentos. ¡Nos comprometimos hoy! No tenemos que permitir que perder un teléfono que podemos reemplazar robe más tiempo de nuestro día especial que nunca podremos reemplazar. Decidamos no permitir que esto nos desanime".

Mientras sus valientes palabras llenas de fe cargaban la atmósfera, yo pude sentir que el gozo del Señor me regresaba. ¡Recordé que John se me había declarado ese día! Mi sueño se había vuelto realidad, y no podía ser más perfecto. Después de eso, la pérdida del teléfono no parecía ser un peso tan grande. Comencé a decirme: "Phyllis, siempre puedes reemplazar tu teléfono". John deseaba que oráramos juntos antes de reunirnos con el grupo. Él me recordó de nuevo: "Phyllis, nos encontramos en el mismo lugar donde vivió Jesús y realizó muchos milagros. ¿Por qué no oramos ahora mismo y le pedimos a Dios un milagro? Después de todo, estamos en la tierra de los milagros".

Yo sabía exactamente hacia dónde iba John, y coloqué mi nivel de fe con el suyo. Cuando él oró, dijo: "Señor, nos encontramos en la tierra de los milagros, donde tu Hijo vivió y llevó a cabo milagros. Te agradezco, Padre, por la bendecida oportunidad de poder pedirle a Phyllis que se casara conmigo aquí en Jerusalén, lo cual lo vuelve el día más feliz de nuestra vida. Pero, Señor, el diablo ha intentado meterse con nosotros hoy, y el iPhone de Phyllis fue robado. Decidimos no enfadarnos, desanimarnos ni desilusionarnos porque sabemos que tú puedes regresar el teléfono. Así que, Señor, perdonamos a la persona que robó el teléfono, y la bendecimos ahora mismo en el nombre de Jesús. Te pedimos que convenzas a esa persona de regresarlo. Ahí tenemos fotografías especiales, Señor, y nosotros servimos a un Dios que puede hacer lo imposible, de manera que te agradecemos de antemano por traernos de vuelta el teléfono. En el nombre de Jesús, amén".

Aquel fue un largo y complicado día, pero estábamos muy felices. Regresamos al autobús y al hotel. La amiga judía de John, Avi, a quien había conocido durante su primera visita a Israel, se reuniría más tarde con nosotros para llevarnos a la Antigua ciudad para celebrar nuestro compromiso. Tomamos el tren hacia Jerusalén y nos encontramos con Avi en una tienda de rosquillas. El día siguiente era viernes y parecía como si todos estuvieran en la Ciudad Antigua; estaba llena de gente que estaba pasando un buen rato. Caminamos por la Ciudad Antigua mientras escuchábamos a Avi hablar acerca de su vida familiar en el lugar donde ella creció en Europa del este antes de mudarse a Israel. Caminamos y caminamos durante las primeras horas de la mañana.

Ahora eran las 2:00 a. m., y el transporte hacia donde vivía Avi estaba fuera de servicio. Nos estábamos divirtiendo tanto que no nos dimos cuenta de que se había hecho muy tarde. Sin embargo, no había nada que temer. El cuarto de hotel de John tenía dos camas, mientras que el mío tenía una enorme cama tamaño *king*. Invitamos a Avi a que regresara al hotel y pasara el resto de la noche conmigo hasta que el transporte se reanudara hacia su lado de Jerusalén. Ella cedió felizmente, y tomamos un taxi de vuelta al hotel. El plan era que John cambiara de habitación conmigo para que pudiera dormir en la cama tamaño *king*, y Avi y yo pudiéramos compartir su habitación con las dos camas. Estábamos tan cansados que solo nos dirigimos a nuestras respectivas habitaciones, tomamos nuestros menesteres para la noche y cambiamos de habitación. Nos encontramos en el pasillo, intercambiamos llaves y nos dirigimos a las habitaciones para pasar la noche.

Cuando abrí la habitación de John, escuché que algo golpeaba contra el interior de la puerta. Al voltear, miré detrás de la puerta para ver qué había provocado ese ruido. Para mi sorpresa, ¡mi iPhone se encontraba detrás de la puerta, como si me hubiera estado esperando ahí como un regalo sorpresa de Dios! Lo único que faltaba de mi iPhone era el estuche. ¡Todo el teléfono estaba intacto con todas mis fotografías!¹

—Phyllis Charles Douglin

John tomó el teléfono perdido por lo que era. Satanás a menudo envía problemas para intentar robarnos lo bueno de nuestra vida. El tiempo de su ataque contra John y Phyllis pudo haber arruinado el día de su compromiso. Demasiados aspectos de la situación pudieron haberlos hecho caer en espiral: ellos pudieron haber reñido en lugar de orar. La comprensión profunda de que todos los recuerdo fotográficos del viaje estaban perdidos para siempre pudo haberlos devastado emocionalmente, de manera que no tuvieran deseos de orar. En cambio, John le expresó su fe a Phyllis, y ella cambió de sentir pánico y desesperación a ser animada por el Señor.

Cuando la angustia golpea, es más probable que seamos barridos por el torbellino de pensamientos de derrota y emociones negativas. Si escuchamos aquellos pensamientos y emociones, incluso nuestro mejor día puede volverse una ruina. El enemigo desea desanimarnos al decirnos la mentira de que no tenemos poder para cambiar nuestras circunstancias. En lugar de sentirnos indefensos, podemos clamar a Dios, como lo hicieron John y Phyllis, y él será fiel a su promesa de *rescatarnos de la angustia* (Salmo 91:15).

Llevarle a Dios nuestra angustia

Dios promete liberarnos de la angustia cuando clamemos a Él. La cantidad de testimonios sobre el efecto de la oración cuando enfrentamos problemas serían incontables. En ocasiones la gente le resta importancia a los testimonios de quienes claman en la angustia, porque parece que claman a Dios solamente cuando su vida es un desastre. Pero la alternativa es peor: nunca clamar a Él.

Gran parte del comportamiento humano gira en torno al escape. Muchas decisiones son solo un intento de escapar del dolor. Con bastante frecuencia intentamos *escapar* de la angustia en que nos encontramos en lugar de enfrentarla; no obstante, en realidad puede ser peligroso utilizar nuestros propios mecanismos de escape en lugar de llevarle a Dios nuestra angustia.

¡No es suerte!

A veces una persona le atribuye el rescate a nada más que a la suerte. Sin embargo, ya que Dios envía el sol y la lluvia sobre justos e injustos (Mateo 5:45), no hay tal cosa como un golpe de suerte. Aquellas escapatorias improbables son el resultado de que Dios nos ve en angustia y se acerca a salvarnos. Imagine a una persona que tiene una enfermedad que de pronto cae en remisión y llama a un amigo para exclamar: "¡Oye, tuve suerte de obtener un buen reporte!".

Lo que la gente le atribuye al azar, en realidad puede ser el resultado de que alguien está orando por ellos; una abuela, un amigo o incluso un extraño que los vio pasar en un coche y de pronto sintió la necesidad de orar específicamente por ellos. Con demasiada frecuencia la gente atribuye un acontecimiento milagroso al azar o a la coincidencia de estar *en el lugar oportuno en el tiempo correcto*.

La Biblia dice que todos vamos a reconocer a Dios (Proverbios 3:6). Nosotros debemos agradecerle por su misericordia. Reconocer la suerte es no reconocer a Dios. Si un amigo cercano hizo algo amable y útil por nosotros, nunca pensaríamos en *no* agradecerle y en cambio darle el crédito al azar. No le hagamos eso a Dios. Dele a Dios el reconocimiento que merece por rescatarlo de la angustia que ha tenido en la vida.

Dios es la mayor promesa

Dios está ahí con nosotros cuando estamos en angustia. No podemos pedir una mayor promesa que su disponibilidad. El Señor nos hace una asombrosa promesa cuando nos dice que estará ahí con nosotros en los tiempos difíciles de la vida e incluso en los líos que nosotros mismos provocamos. Él nunca nos dice: "¡Arréglatelas solo!".

Quizá haya escuchado este chiste: Cuando le preguntaron a un pastor si le gustaba su empleo, él dijo: "Sí, me encanta mi empleo. Pero no soporto a la gente". Donde hay gente, normalmente hay angustia. Y especialmente si usted está en crecimiento enfrentará desafíos únicos. Posiblemente parezca que se encuentra en angustia por todos lados: notas escolares, relaciones, empleo, falta de dinero.

Todos los días enfrentamos múltiples situaciones angustiantes. Jesús casi nos garantiza que habrá angustia cuando dijo: "Así que, no os afanéis por el día de mañana, porque el día de mañana traerá su afán. Basta a cada día su propio mal" (Mateo 6:34). Es un gran alivio saber que Dios ha prometido que cuando nos metamos en líos o cuando el enemigo arme un ataque contra nosotros, Él nos rescatará.

CAPÍTULO 20 — DIARIO

Este capítulo examina cómo Dios libera a su pueblo de la angustia cuando claman a Él. Dios promete que estará ahí con nosotros en los momentos difíciles de la vida e incluso en los líos que nosotros mismos hacemos. Piense en algunas de las maneras en las que Dios lo ha rescatado o en que ha creado un camino de escape para usted.

Capítulo 21

DIOS ME GLORIFICA

Lo libraré y le glorificaré.

—**SALMO 91:15**

UN PADRE ORGULLOSO

Antes de comenzar a seguir al Señor, me sentía como que algo faltaba aunque yo tenía todo lo que un chico podría pedir en muchas maneras. Mis padres eran solventes, recientemente me habían comprado un Mustang nuevo y una guitarra Taylor. Vivíamos en un lindo barrio residencial, y yo tenía más de lo que pudiera pedir. Pero aún había algo en mí que no estaba satisfecho. Mis padres me habían llevado en la infancia a la iglesia, pero Dios no era algo de lo que habláramos mucho como familia, y yo no estaba seguro de que mis padres conocieran al Señor. Finalmente, mi hambre por Dios me llevó a una iglesia bautista donde le entregué mi vida a Jesús.

Fui admitido en una universidad cristiana que quedaba a unas horas de casa, luego de graduarme de la escuela media-superior. Ya estaba listo para comenzar mi nueva vida con el Señor.

¡Mi primer año de universidad fue grandioso! El Señor me llevó a un grupo de amigos que me ayudaron a profundizar más con Dios. ¡Nunca me imaginé que seguir a Dios sería tan divertido! Me encontraba en el proceso de obtener un empleo como programador de música en la estación de radio cristiana local; ayudaba a dirigir la alabanza un par de veces a la semana y salía a compartir el evangelio con mis nuevos amigos. Esta era la clase de vida que había estado buscando.

El año escolar se había terminado, y en lugar de ir a casa durante el verano, decidí preguntarles a mis padres si podía quedarme y continuar trabajando en la estación de radio, y quizá ir a un viaje de misiones. Mis padres estaban un poco nerviosos acerca de cuán rápidamente estaba cambiando mi vida, pero aceptaron dejarme permanecer durante el verano si encontraba un empleo adicional en un mes. Sin embargo, con todas las actividades en que estaba involucrado en la universidad, dejé que el tiempo pasara sin pensar mucho en buscar un empleo adicional. Cuando me di cuenta, el tiempo se había terminado y yo no había hallado un empleo. Me había metido en un gran predicamento.

Yo deseaba permanecer en la ciudad universitaria sirviendo al Señor, pero a la vez no deseaba desobedecer a mis padres y posiblemente herir nuestra relación, debido a que esperaba que ellos llegaran a conocer al Jesús que yo había conocido. El tiempo se había agotado.

Mis padres me llamaron para aclarar que yo tenía que regresar a casa. No estaba seguro de qué hacer. Pero en ese momento tenía que tomar una decisión: conducir a casa o quedarme y enfrentar las consecuencias. Nunca antes le había hecho frente a mi papá. Él era un hombre grande y corpulento, de más de seis pies de alto [más de un metro ochenta], y podía intimidar fácilmente a la mayoría. Usted conoce la facha; cuando estrechaba manos, él podía hacerle crujir los nudillos con facilidad si lo deseaba. Definitivamente era alguien a quien no desearía decirle no. Bueno, ese momento había llegado.

Ahora, en ese momento yo solamente podía imaginarlo acercándoseme y literalmente montándome sobre su Harley y arrastrándome de vuelta a casa. Solo pensarlo era un poco aterrador. Además, yo sabía que mis padres tenían todo el derecho de venir a recolectar mis pertenencias y mi coche. Sinceramente, mis pertenencias no me pertenecían en absoluto, mis padres me las habían dado. De manera que mi plan era simple: si la situación empeoraba, yo planeaba conducir a casa, regresarles todo a mis padres, irme de aventón a la ciudad universitaria y andar en bicicleta el resto del verano.

Acudí a algunos líderes de mi vida, y en lugar de las dos ideas que yo estaba debatiendo, ellos dijeron que les pidiera respetuosamente a mis padres una semana de extensión para obtener un empleo adicional. Respiré profundamente e hice la llamada. Luego de una muy tensa conversación, mis padres dijeron que sí, pero el acuerdo permanecía. Si no tenía un empleo en una semana, yo tenía que regresar a casa. Acepté.

Esta vez redoblé mis esfuerzos y rápidamente me postulé para un empleo como mesero que se coordinaba con mi empleo de la radio. A la siguiente semana obtuve el empleo. Aunque eso cumplía nuestro acuerdo, yo sentí que podía haber lastimado nuestra relación, y no estaba seguro de cómo arreglarla.

Lo que Dios hizo después fue un obsequio para mí

que siempre atesoraré. Dentro del siguiente mes recibí
una llamada de mi papá. Perdí la llamada, pero él me
había dejado un mensaje de voz. Yo no estaba muy
seguro de qué pensar, porque no lo había escuchado
desde que le hice saber acerca del empleo; pero decidí
enfrentar el conflicto y escucharlo. En el mensaje de
voz él decía que estaba llamando para saber cómo estaba marchando todo y si me estaba yendo bien. Luego
dijo que lo llamara para que pudiéramos platicar. Yo
lancé un gran suspiro de alivio de que las cosas no hubieran tomado la dirección equivocada.

Sin embargo, él olvidó colgar el teléfono accidental-
mente, y escuché que continuó hablando con alguien.
Sonaba como si estuviera en un restaurante. Mi padre
dijo en un tono ligero y cómico que yo me le había en-
frentado ese verano y le había dicho que no iría a casa.
Después de eso escuché una pausa, y luego lo escuché
decir algo que me impactó profundamente. Dijo que
estaba orgulloso de mí, porque me había mantenido
firme. Poco después de decir eso, el mensaje de voz se
detuvo, y yo no pude evitar llorar. Escucharlo decir eso
significó mucho para mí, especialmente después de que
yo no fuera a casa ese verano. Eso no solamente calmó
mis temores de lastimar a mi padres, sino también me
hizo darme cuenta de que mi padre de verdad estaba
orgulloso de mí y que podía verlo a los ojos como un
hombre, y que a él le gustaba eso.

Al poco tiempo, mis padres y yo comenzamos a re-
construir nuestra relación y todo estaba marchando
bien. Yo terminé dos años más de universidad, y luego
mi papá enfermó. Los médicos le diagnosticaron cáncer,

y su salud comenzó a decaer. En ese tiempo un pastor mío me dio una palabra que recibió después de orar. Él sintió que la palabra necesitaba ser compartida con mi papá aunque fuera muy difícil. Así que fui con mi papá y le dije la palabra. Después le hice a mi papá una enorme pregunta. Hasta ese momento mi papá nunca se había interesado demasiado cuando le hablaba acerca de aceptar a Jesús en su corazón. Pero sentí que debía preguntarle de nuevo. ¡Esta ocasión, sin embargo, él dijo que sí! Mi papá le entregó su vida a Jesús ahí en el hospital, y aquel fue uno de los días más felices de mi vida. Mi papá terminó falleciendo semanas después, pero yo supe que él tenía esperanza. Podía ver que él ya no temía la muerte, y que sabía que Jesús estaría esperándolo ahora que estaba listo.

Tras la muerte de mi papá, la iglesia se llenó de su familia y sus amigos del trabajo; la mayoría de ellos no conocían al Señor. La iglesia rebosaba de los amigos de mi papá, y yo hablaría en su funeral. Relaté la historia de cómo mi papá le entregó su vida al Señor y luego pregunté si alguien deseaba hacer lo mismo. Varias personas levantaron las manos y toda la iglesia repitió la oración de salvación después de mí. Estoy tan agradecido de que mi papá aceptara a Jesús en su corazón y de que Dios me diera el privilegio de compartir con él ese momento especial.

Dios estuvo ahí aun durante los momentos más difíciles de la vida de nuestra familia. Le habría sido fácil a mi mamá alejarse de Dios cuando mi papá se enfermó, pero no lo hizo. En cambio, ella aceptó al Señor mientras mi papá continuaba en el hospital. Mi mamá tenía días difíciles por delante. Un día en particular, su cumpleaños, yo supe que le sería especialmente duro llegar a una casa vacía y enfrentar la soledad. De manera que salí de la universidad y le preparé una cena, y le llevé flores y globos.

Nuestra relación crece diariamente; es un gran honor ver a mi madre profundizar más con el Señor. Ahora ella está activamente involucrada en la iglesia, y constantemente me dice todo lo que Dios está haciendo en su vida. No todas las cosas de la vida vienen de Dios, pero Él hace que todas las cosas obren para bien, y eso es exactamente lo que Dios hizo en mi vida.

—Jonathon Dobernecki

Muy pocas personas consiguen la clase de gloria que Dios promete en Salmo 91:15 para aquellos que lo aman. La glorificación es un tema muy intenso, y a veces se requiere de mucha valentía. Jonathon glorificó a Dios en su vida al acudir al Señor en la escuela media-superior, cuando sus padres no comprendieron su decisión de seguir al Señor y comenzar a asistir a la iglesia. Su familia lo miró de cerca, y lo que comenzó como temor y preocupación acerca de la nueva vida de su hijo, finalmente se convirtió en respeto. Y luego del respeto, ellos finalmente decidieron por sí mismos glorificar al Señor con su vida.

En lo profundo de esta historia se encuentra otra historia en que Dios glorificó a su hijo, Jonathon, al darle el obsequio que siempre atesorará: un mensaje de voz que le permitió escuchar con sus propios oídos que su padre terrenal expresaba su respeto por él durante un tiempo difícil en su relación. ¡Esta "coincidencia" fue una Diosidencia! Dios continuó glorificando a Jonathon cuando le permitió ser quien conectara a su padre con el Señor, y después también a los amigos de su padre.

Resulta fácil hacer una lista de todos los tipos de gloria en la historia de Jonathon:

1. Jonathon glorificó a Dios al entregarle su vida y decidir servirle en lo que podía.

2. Jonathon glorificó a Dios al no desear ser un hijo irresponsable.

3. Dios le dio a Jonathon un obsequio personalizado de honra cuando recibió el mensaje de voz de su papá. Justo la parte correcta de la conversación fue grabada en el teléfono de Jonathon. Aunque el ruido del fondo casi las ahogara, él pudo escuchar las palabras de su padre. Resulta milagroso cómo Dios arregló algo tan grande para que Jonathan supiera en su corazón que se había ganado el respeto de su papá, aunque él nunca se lo dijera directamente.

4. Dios glorificó a Jonathon cuando tuvo la oportunidad de dirigir a su padre al Señor al actuar en la palabra que recibió.

5. Dios glorificó a Jonathon al poder llevar a muchos de los amigos de su papá al Señor en el funeral —hombres que normalmente no escucharían el evangelio escucharon a Jonathon—.

6. Dios glorificó a Jonathon cuando le ayudó a su mamá a encontrar un caminar con el Señor, lo cual le ayudó a ella a evitar caer en un lugar de oscuridad.

¡En resumen, Dios le dio a Jonathon obsequios de glorificación que tendrá el resto de su vida!

Como lectores, nosotros podemos ver que Jonathon vivía de manera que agradaba al Señor. Jonathon determinó deshacerse del *consentimiento que recibía*. Él adquirió una nueva responsabilidad. En lugar de exigir más, Jonathon estuvo dispuesto a regresarles a sus padres sus posesiones. En el caso de Jonathon, es comprensible que Dios le glorificara, pero veamos una historia en la que Dios glorificó cuando el receptor no era tan digno ni generoso.

LA SINGULARIDAD DE ESTA PROMESA

La historia del hijo pródigo ilustra una demostración de honor alucinante. El hijo se encontraba lejos de la tierra; había desperdiciado el dinero de su padre y estaba hambriento. Tal parece que no fue más que el hambre lo que llevó al hijo de vuelta a casa. Pero él regresa a casa para arrepentirse, esperando que su padre tuviera suficiente gracia para volverlo un empleado. El hijo ni siquiera se merece esto después de lo que hizo —dejar el rancho, exigir su herencia y luego despilfarrar la herencia en nada, sin hacer una sola inversión importante, y cayendo profundamente en el lodazal en que vivía, al igual que un cerdo—; ahora estaba buscando que su padre lo rescatara del lío en que se había metido.

Luego de que el chico se llevó *la mitad del valor del rancho,* fue asombroso que su padre hubiera podido mantener la otra mitad del rancho, sin mencionar que era suficientemente exitoso para continuar contratando gente. Sin embargo, si no es suficientemente impresionante observar esto, la parte verdaderamente asombrosa es lo que el padre piensa que debe hacerse:

> Y levantándose, vino a su padre. Y cuando aún estaba lejos, lo vio su padre, y fue movido a misericordia, y corrió, y se echó sobre su cuello, y le besó. Y el hijo le dijo: Padre, he pecado contra el cielo y contra ti, y ya no soy digno de ser llamado tu hijo. Pero el padre dijo a sus siervos: Sacad el mejor vestido, y vestidle; y poned un anillo en su mano, y calzado en sus pies. Y traed el becerro gordo y matadlo, y comamos y hagamos fiesta; porque este mi hijo muerto era, y ha revivido; se había perdido, y es hallado. Y comenzaron a regocijarse.
>
> —LUCAS 15:20-24

El hijo pródigo es un ejemplo bíblico de un hijo que no merecía la gloria que recibió. El chico, por justicia natural, debió haberse sentido honrado de que alguien le dirigiera la palabra después de lo que había hecho y de cuán lejos había caído. Y él lo sabía en lo profundo.

Cuando el hijo pensó en la opción de regresar a la casa, comenzó a practicar las palabras de disculpa para su padre. Él estaba consciente en su corazón de que su padre tendría que ser realmente misericordioso con él de siquiera darle el estado de jornalero. Cuando estaba alimentando cerdos, él era un jornalero; pero cuando comenzó a anhelar comer lo que los cerdos estaban comiendo, supo que había caído más bajo de lo que habría imaginado. No obstante, al regresar a casa, estaba a punto de recibir algo que en realidad no estaba esperando.

Cuando Jesús relata la parábola está describiendo la clase de Padre que es Dios. La historia del hijo pródigo está llena de honra conferida, pero todo comienza en el momento en el que el chico entra en razón y comienza su viaje a casa para arrepentirse. Parece que Dios celebra *el momento que tomamos la decisión de voltearnos y seguirle.*

En esta historia bíblica podemos ver el progreso de lo que el padre hizo por su hijo, y podemos ver en nuestra propia vida que no solamente Dios nos rescata, sino, asombrosamente, Él además nos glorifica.

El *Padre se levanta* cuando nosotros nos volteamos y nos dirigimos a casa —*cuando aún estamos lejos*—, porque Él nunca ha dejado de cuidar nuestro regreso. Él *se echa sobre nuestro cuello y nos besa* como si estuviéramos regresando a casa como héroes de guerra o campeones famosos. Sinceramente, no hay palabras para expresar cómo lucimos cuando Dios nos glorifica. Pero hay más. El hecho de que *Él nos glorifique con el mejor vestido, un anillo en nuestra mano y calzado en nuestros pies* nos hace comprender que todo lo bueno que tenemos en nuestra vida es un obsequio del Padre. Sin embargo, Dios no se detiene ahí. Él *mata el becerro gordo* (aquel que Él ha estado guardando para una ocasión especial) *y hace fiesta con sus amigos* por nosotros.

¡Que Dios glorifique una vida es verdaderamente impresionante!

Pero de nuevo, *la historia no termina. Cuando el hijo mayor se queja: "Nunca has hecho esto por mí", el padre no dice: "¡Pobrecito! ¡Te haremos una fiesta con tus amigos al día siguiente de la de tu hermano!".*

El padre *sale* de la fiesta del hijo menor y examina el corazón de su hijo mayor. Él sale para suplicarle a su hijo que *entre*. Él escucha el explosivo desahogo de su hijo mayor, le asegura que sabe que siempre ha estado a su lado y le aconseja no enfocarse en sí mismo, sino gozarse de cuán lejos había llegado su hermano. Y no obstante, ¡el padre deja en claro: "Todas mis cosas son tuyas"! Palabras asombrosas.

La promesa de glorificación es de verdad una oferta única.

CAPÍTULO 21 — DIARIO

Este capítulo habla acerca de la glorificación que Dios les da a quienes lo aman. ¿Cómo luce su vida cuando Dios le glorifica?

_____

_____

_____

_____

_____

_____

_____

_____

_____

_____

_____

_____

_____

Capítulo 22
DIOS ME SACIA DE LARGA VIDA

Lo saciaré de larga vida.

—Salmo 91:16

NUNCA ES ABURRIDO servir al Señor; a partir de mi experiencia siempre es una aventura. Ya que dos claves para la aventura son el peligro y la emoción, Salmo 91:16 es una promesa muy aplicable para su vida. Promete *larga vida* y *satisfacción*, ambas cosas son esenciales si usted está llamado a una vida de mucha adrenalina y de un ritmo rápido con el Señor.

Es lógico que un salmo acerca de la protección aborde el tema de una larga vida, pero este versículo va más allá; Dios está prometiendo no solo una multitud de días, sino también una vida bien vivida. Muchas personas han tenido larga vida, pero no eran necesariamente felices. Aunque suene muy deprimente, usted tiene que preguntarse por qué alguien desearía una larga vida si se pasa en tristeza y aburrimiento.

Dichosamente, esa vida no es lo que Dios desea para su pueblo. Él desea que tengamos una aventura, que despertemos acogiendo cada día en lugar de pensar llegamos muy rápido a la cima y hemos dejado atrás los mejores días. Demasiadas personas le temen al aburrimiento, incluso al punto de hacer cosas potencialmente tontas para aliviarlo. ¡Con Dios nunca necesitamos preocuparnos del aburrimiento! La verdadera satisfacción viene del Señor; todo lo demás es temporal.

No se ocupe en remordimientos, residiendo en lo que pudo haber sido. No es demasiado tarde, y Dios no permitirá que languidezca. Él no desea más que usted que su vida sea aburrida. Confíe en Él y permítale que le muestre cómo puede ser satisfecho.

> Bendice, alma mía, al Señor [...] el que colma de bienes tu vida.
> —Salmo 103:2, 5

En esta sexta promesa de Salmo 91:14-16, Dios dice que él le dará una larga y plena vida a quien lo ama. Dios no simplemente desea que tengamos muchos cumpleaños. Él dice que nos dará muchos cumpleaños y que cuando lleguen esos cumpleaños estaremos satisfechos y completos.

Cada uno de nosotros tiene un hueco en el interior de nuestro corazón, y nada llenará ese vacío más que Jesús. A través del tiempo la gente ha intentado llenarlo con muchas cosas, pero las cosas de este mundo no pueden traer una satisfacción duradera. Solamente después de que decida seguir completamente a Dios y entregarle todo su corazón, Él llenará su vida sobreabundantemente. Entonces experimentará un gozo que ni siquiera puede describir con palabras.

Qué promesa: mientras tenga una larga vida, usted puede estar satisfecho. ¿Qué produce la satisfacción? Encontrar y cumplir el plan de Dios para su vida produce satisfacción, propósito y mucha aventura.

LA *GENTE* ES EL TESORO

Un jueves por la noche en la cafetería de nuestro ministerio universitario, nos estábamos preparando para ir en búsqueda de tesoros. Una búsqueda de tesoros es para nosotros una herramienta de alcance y de predicación. Nuestro grupo prepara diferente categorías diferentes de pistas incluyendo: nombres, lugares, ubicaciones, descripciones físicas de la gente y posibles problemas que pudiera tener la gente. Luego oramos hasta saber qué tipo de persona estamos buscando. ¡Hemos tenido asombrosas conversaciones con la gente que hemos conocido en estas tardes de búsqueda de tesoros!

Esa noche oramos, y luego comenzamos a buscar tesoros. Yo había orado y escrito Home Depot como una de las pistas que el Espíritu Santo me había dado, y además tenía otra pista que identificaba la apariencia y el color de ropa de la persona que conocería. Cuando llegué a Home Depot, pronto vi a una chica de veintitantos que trabajaba en el departamento de pintura, quien encajaba con las pistas que había recibido. Me acerqué a ella, intenté involucrarla en una conversación y le dije que ella encajaba con nuestras pistas de búsqueda de tesoros. No solamente no llegué a ningún lado con ella, sino que ella comenzó a sudar profusamente. Ella estaba tan incómoda que se marchó y ni siquiera le mostré la pista final que había recibido de ella en nuestro tiempo anterior de oración.

Pero luego pensé: "¿Por qué no darle una última

oportunidad para preguntarle acerca de la pista que tuve en la categoría 'inusual'?". Regresé y le pregunté: "Oye, ¿significa algo para ti la palabra *hechicería*?". Esa había sido mi pista final, y decidí no ocultársela.

Ella dijo: "Sí, yo soy bruja, y mi abuela también era bruja". Ella me dijo inmediatamente que practicaba Wicca. Con esto pude hacer una conexión con ella y le compartí el evangelio. Recuerdo que ella estaba sudando. No estaba segura si solo hacía calor o si el evangelio que le estaba compartiendo estaba provocándole sudor como una manifestación de su incomodidad. Ella no le entregó a Dios su corazón esa noche conmigo, pero le agradecí al Señor de haberle podido hablar acerca del verdadero poder que hay en Cristo y por las pistas que me llevaron al tesoro y a la oportunidad de plantar una semilla.

—ADRIÁN BILL

Adrián tuvo una experiencia única cuando le compartió el evangelio a una persona que normalmente no se abriría a causa de lo que sucedía en su vida. Tal como la historia de Juan 4, en la que Jesús le habló a la mujer del pozo y le dijo cosas acerca de su vida, Adrián le mostró a la chica de Home Depot cómo había escrito cosas específicas acerca de ella. Cuando lo hizo, ella se abrió.

Alguien dijo una vez: "El mejor testimonio de Jesucristo es ser un cliente satisfecho". Yo lo escribí en un papel y lo colgué durante años en mi refrigerador. Que la gente vea que usted está *satisfecho con el Señor* hace una gran diferencia.

Sin embargo, demasiadas personas lamentablemente—en ocasiones incluso los cristianos— no tienen en su interior una satisfacción profunda con el Señor. Ya que usted no puede dar lo que no tiene, pídale al Señor que lleve a cabo una obra especial en su corazón y lo lleve a un lugar de aventura y *profunda satisfacción*. Muchas personas viven muchos años en la Tierra, pero lo que más cuenta es si han experimentado la satisfacción de su alma que solamente el Señor puede dar. Adrián ha encontrado esa satisfacción en la vida, y como resultado, él puede compartir el evangelio con personas inusuales, ¡incluso brujas!

CAPÍTULO 22 — DIARIO

Este capítulo considera la satisfacción que Dios trae a nuestra vida. Reflexione en lo que significa ser satisfecho con una "vida bien vivida".

_____

_____

_____

_____

_____

_____

_____

_____

_____

_____

_____

_____

Capítulo 23
PUEDO VER LA SALVACIÓN DE DIOS

Y le mostraré mi salvación.

—Salmo 91:16

Contemplar la salvación de Dios

Mansur y su amigo estaban paseando en automóvil, cuando se encontraron de frente con un pequeño coche que llevaba a un hombre, una mujer y varios niños; el coche se dirigía directo hacia su Jeep. El amigo de Mansur se encontraba al volante, y supo que si permanecía en el camino chocarían y era muy probable que todos murieran. Al virar para sacar del camino el coche, el Jeep dio una voltereta en el aire como un acróbata de circo. Mansur gritó el nombre de su amigo cuando la camioneta comenzó a volcarse de frente sin parar. Sintió como si fuera una película en cámara lenta. Con cada vuelta, salían cosas volando del Jeep. No había manera de salir de este horrible choque. De manera instantánea, la mente de Mansur comenzó a repasar su pasado, lo cual lo hizo darse cuenta del tiempo que había desperdiciado preocupándose por cosas triviales. La novia a quien pensaba que amaba había roto su corazón cuando le dijo que ya no deseaba salir con él. Esa relación pareció desaparecer en un momento. Y qué tonto parecía ahora haberse preocupado si su familia aceptaría su fe. Las cosas que habían parecido tan importantes ya no importaban. Él estaba seguro de que cada latido sería el último.

De pronto, las cosas se tornaron en cámara lenta. La segunda vez que giró el vehículo golpeó el suelo tan fuerte que hizo que los huesos de Mansur se sacudieran. Antes de que pudiera pensar, la puerta había sido arrancada, mientras el Jeep volaba de nuevamente por el aire. Pensó que eso sería lo último que experimentaría como una persona viva. Mientras el coche giraba longitudinalmente, Mansur recordó estar en la cocina de su madre en la infancia. Había estado preocupado por su amigo Daniel. "¿Daniel puede ir al cielo?", le preguntó a su madre. Incluso a esa corta edad, Mansur ponderaba en las preguntas profundas de la vida.

Durante la tercer voltereta, Mansur casi salió volando de la camioneta, pero logró regresar adentro. Recordó los rostros de dos amigos que habían fallecido. Había estado con ellos y había visto de cerca la muerte. La cuarta vez que la camioneta volcó, se preguntó por qué le había tomado tanto tiempo decirles a sus amigos y a su familia que se había vuelto cristiano. El amor lo había atraído a la fe, y él sentía el mismo amor a su alrededor en ese momento.

La quinta vez que giró la camioneta, todo se desvaneció.

Mansur parpadeó y observó que algo estaba goteando. *Gota. Gota. Gota. Gota.* Le tomó esfuerzo concentrarse en la gotera. Era combustible.

¡Combustible! ¡Choque! ¡Gasolina! ¡Fuego!

Mansur miró alrededor; el asiento del conductor estaba vacío. ¿En dónde estaba su amigo? *¡Sal! Búscalo.*

Buscó a tientas el cinturón de seguridad, pero estaba atorado. Por más que intentaba no lograba desabrocharlo. Eso era todo —¡necesitaba orar!—. "¡Señor, por favor dame fuerza para desabrochar este cinturón!".

Con una fuerza sobrenatural, Mansur arrancó el cinturón de seguridad del armazón del coche. Mientras salía del choque vio que sus piernas y sus rodillas estaban cubiertas de sangre. "¡Señor, por favor déjame levantarme y alejarme antes de que esto explote en llamas!". Pero cuando dio su primer paso se dio cuenta de que no tenía heridas y que estaba bien.

La adrenalina estaba corriendo a toda velocidad por sus venas.

Estaba ensangrentado.

Estaba golpeado.

Pero estaba vivo.

El amigo de Mansur se encontraba en el suelo a unos metros. "¡Qué no esté muerto!", pensó. Con temor de tener que ir a la casa de los padres de su amigo a decirles que habían perdido a su hijo, oró en voz baja. Mansur se dirigió a tropezones hacia su amigo hasta que alguien lo tranquilizó. "Está bien. Está vivo. Necesitas recostarte".

Los médicos y los paramédicos aparecieron de la nada. Momentos más tarde, Mansur se encontraba atado a una tabla y tenía puesto un collarín. Forzado a mirar hacia arriba, se dio cuenta: "Solamente me he estado enfocando en mis preocupaciones terrenales, y he perdido todo mi gozo de servir a Dios". Sabía que había recibido una segunda oportunidad.

"Es un milagro que estén vivos —le dijo uno de los

médicos—; no solamente sobrevivieron, sino chocaron frente a una clínica médica. Vimos cómo sucedió todo desde el balcón".

Cuando la ambulancia salió sonando de la oscuridad, Mansur oró: "Dios, he cambiado de parecer acerca de cómo deseo servirte. Deseo estar en los lugares más difíciles y oscuros, donde incuso la luz más tenue puede marcar una diferencia. Me doy cuenta de que he permitido que demasiadas cosas me roben mi gozo. No he vivido bien mi fe, pero todo está a punto de cambiar".

—Mansur Ashkar

¿Nuestra vida necesita casi terminar antes de que hablemos con el Señor en serio? En una situación de vida o muerte, Mansur encontró la motivación que necesitaba para ponerse a cuentas con el Señor. ¿No es extraño cómo es que el dolor puede aclarar las cosas, pero también puede ser lo que nos aleja en primer lugar? Cuando a Mansur le rompieron el corazón en una relación, su prioridades se habían salido de la línea, él se había vuelto insensible para el Señor. El choque fue una llamada de advertencia y Mansur respondió.

Un gran clímax

Salmo 91:16 revela la séptima promesa de Dios en Salmo 91:14-16. Su última y más poderosa promesa es la de salvación. ¿Ha habido un momento en su vida en que sintió que vio la salvación del Señor?

Cada uno de nosotros tiene altibajos. El campamento es la cima, el regreso a clases es el punto bajo; la cima de la montaña es lo alto, el valle es el punto bajo —¡qué montaña rusa!—. Tiene que llegar un momento específico en la vida que despierta algo en el interior y nos impulsa a dedicarnos al señorío de Cristo.

Al ver la salvación del Señor debemos apoderarnos de ella y hacerla parte de nuestra vida. Cada vida trae consigo un momento de epifanía, el mayor momento, el momento definitorio, ese momento que nos hace estar verdaderamente vivos. Yo creo que de eso está hablando este versículo: el momento en que todo nuestro ser *contempla nuestra salvación*. Comienza ahora, pero terminará en algún lugar en el futuro.

Como joven usted estará tomando algunas de las decisiones más importantes de su vida durante los siguientes años. Estas decisiones influirán en el resto de su vida. ¡Elija sabiamente! Viva de manera que cuente. Viva cada día en una manera digna del obsequio que Dios le ha dado, porque Él ha prometido mostrarle su salvación.

CAPÍTULO 23 — DIARIO

Este capítulo describe la séptima y última promesa de Salmo 91:14-16: contemplar la salvación del Señor. ¿Ha habido un momento en su vida en que sintió que de verdad contempló la salvación del Señor? ¿Cómo podemos vivir de manera que cuente?

_____

_____

_____

_____

_____

_____

_____

_____

_____

_____

LA PROMESA DE PACTO DE DIOS

ALO LARGO DE la Biblia podemos encontrar las promesas de Dios, pero Salmo 91 es el único lugar donde todas las promesas de protección están unidas en un capítulo. Salmo 91 es una promesa de protección para todo el pueblo de Dios que lo ama y confía en que Él hace lo que dice. El mundo nos da números de emergencia para llamar si nos metemos en problemas, pero Dios ha hecho mejor que eso. Él nos ha dado Salmo 91:1:

> El que habita al abrigo del Altísimo morará bajo la sombra del Omnipotente.

¡Eso sí es una verdadera respuesta de emergencias!

Mi oración es que este libro lo lleve a estudiar Salmo 91 hasta que *todo temor* sea echado fuera de su vida. Dios desea que sepa que Él será fiel para proporcionar cada una de estas promesas si usted le es fiel a Él. Él desea más que nada que usted vea y tome su salvación.

PACTO PERSONAL DEL SALMO 91

Copie y agrande este pacto de oración del Salmo 91 para orar por usted y sus seres queridos, agregando su nombre en los espacios en blanco.

_____ que habita al abrigo del Altísimo morará bajo la sombra del Omnipotente. _____ dirá al Señor, "Esperanza mía, y castillo mío; Mi Dios en quien confiaré". Él librará a _____ del lazo del cazador, de la peste destructora [fatalidad, enfermedades infecciosas]. Con sus plumas cubrirá a _____, y debajo de sus alas _____ estará seguro; escudo y adarga es su verdad.

_____ no temerá el terror nocturno, ni saeta que vuele de día, ni pestilencia que ande en oscuridad, ni mortandad que en medio del día destruya. Caerán al lado de _____ mil, y diez a su diestra; más a _____ no llegará. _____ ciertamente con los ojos de _____ mirará y verá la recompensa de los impíos. Porque _____ ha puesto a Jehová, que es su esperanza, al Altísimo como la habitación de _____. No le sobrevendrá mal a _____, ni plaga tocará la morada de _____. Pues a sus ángeles enviará acerca de _____, que guarden a

_____ en todos sus caminos. En las manos lle-varán a _____, para que el pie de _____ no tropiece en piedra. _____ pisará sobre el león y el áspid; hollará al cachorro del león y al dragón.

"Por cuanto _____ en mí ha puesto su amor [dijo Dios], yo también lo libraré; pondré en alto a _____, porque _____ ha conocido mi nombre. _____ me invocará, y yo le respon-deré a _____. Con _____ estaré yo en la angustia; libraré a _____ y glorificaré a _____. Saciaré de larga vida a _____, y le mostraré mi salvación".

¿CÓMO LE ENTREGO MI VIDA AL SEÑOR?

SI USTED DESEA aceptar a Cristo como su Salvador, permita que la siguiente oración le sirva como guía:

Señor, te pido que entres en mi corazón y me perdones de todos mis pecados. Me arrepiento de ir por mi propio camino en la vida. Estoy tomando una decisión: Deseo vivir para ti. No quiero una vida orgullosa, y oro que saques de mi vida todo lo que no es de ti.

Yo creo en tu Palabra y recibo el don que me diste de tu Hijo que murió en mi lugar por mis pecados y te pido que Él venga a vivir para siempre en mi corazón. Yo confieso a Jesús como mi Señor, y acepto el desafío de dejarte hacer todo lo que desees a través de mí. Por favor, dale propósito y significado a mi vida. Gracias por adoptarme y dejarme llamarte por el nombre de Padre. ¡Te pido que me des una vida emocionante y que te lleves todo el aburrimiento!

Padre, te lo pido en el nombre de Jesús. Amén.

NOTAS

Introducción: Cambio de juego

1. Peggy Joyce Ruth, *Psalm 91: Military Edition* [Salmo 91, edición militar] (Lake Mary, FL: Charisma House, 2012), pp. 36-37.

Capítulo 6: Detrás de su escudo

1. Ruth, *Psalm 91: Military Edition* [Salmo 91, edición militar] (Lake Mary, FL: Charisma House, 2012), pp. 36-37.

Capítulo 12: Creyentes incrédulos

1. Bill Johnson, *The Supernatural Power of a Transformed Mind* (Shippensburg, PA: Destiny Image, 2005), 95.

Capítulo 15: Autoridad sobre el enemigo

1. Peggy Joyce Ruth y Angelia Ruth Schum, *Salmo 91 para las madres* (Lake Mary, FL: Casa Creación, 2013), p. 146.

Capítulo 20: Dios me rescata de la angustia

1. John y Phyllis Doughlin, *Awaken Love* [Despierte el amor] (Brownwood, TX: John y Phyllis Douglin, 2013), pp. 32-50. Ver también Phyllis y John, "Our Proposal" [Nuestra declaración], http.//johnphyllis.ourwedding.com/view/6114840742653381/32850860 (consultado el 23 de marzo de 2015).

SOBRE LAS AUTORAS

LA DESTACADA AUTORA y conferencista Peggy Joyce Ruth ha ayudado a miles a desarrollar un caminar más cercano con Dios. Sus mensajes desafían a individuos de todas las clases sociales a profundizar en el conocimiento de la Palabra de Dios. Ofrece principios prácticos para aplicar las Escrituras en el diario vivir. Luego de haber enseñado por treinta años un estudio bíblico semanal para adultos y ayudado a su esposo a pastorear en Brownwood, Texas, ahora dedica la mayor parte de su tiempo a dar conferencias (en los Estados Unidos y en el extranjero), a eventos militares y a escribir libros. Se reirá con las historias cómicas a medida que se siente identificada con relatos verdaderos de la Palabra de Dios obrando en la vida de las personas. Sus mensajes se transmiten por la radio y están disponibles, de manera gratuita, en su portal web www.peggyjoyceruth.org.

Peggy Joyce escribe sobre su hija Angie: "No hay nada más divertido que estar en el ministerio con los hijos. Angie trabaja en un ministerio universitario, supervisa las tareas misioneras universitarias y dirige dos estaciones cristianas de radio FM. Da charlas cuatro veces por semana ante una variada audiencia y es una oradora entretenida. Muchas veces compartimos la plataforma en conferencias y retiros. Angie habla sobre temas como 'Las ocho estrategias para la evangelización', 'La serpiente cascabel (la clave de la oración preventiva)', 'Liberación del poder del daño', 'Aventuras y riesgos en la vida cristiana', 'Una palabra de Dios puede cambiar su vida para siempre', y 'Dios es el defensor de su vida'. Tanto jóvenes como adultos disfrutarán de la alta adrenalina en su libro *God's Smuggler, Jr.* [El pequeño contrabandista de Dios], donde relata las aventuras del contrabando de Biblias en la China".

Peggy Joyce Ruth (izquierda) y Angelia Ruth Schum

Para información en inglés sobre charlas, por favor llame al (325) 646-6894. Para conectarse a la transmisión por internet visite: www.christiannetcast.com/listen/player.asp?station=kpsm-fm o vaya a nuestra página web www.peggyjoyceruth.org y oprima donde dice "Listen now".